Robert Velarde

A FÁBRICA DE SONHOS DA PIXAR

São Paulo
2011

UNIVERSO DOS LIVROS

Diretor-Editorial
Luis Matos

Assistente-Editorial
Noele Rossi
Talita Camargo
Talita Gnidarchichi

Tradução
Luis Fernando Protásio

Preparação
Jaqueline Carou

Revisão
Juliana Rebelo

Arte
Stephanie Lin

Capa
Marcos Mazzei

Dados Internacionais de Catalogação na Publicação (CIP)
(Câmara Brasileira do Livro, SP, Brasil)

V433f Velarde, Robert..

A fábrica de sonhos da Pixar / Robert Velard ; [tradução de Luis F. Protásio]. – São Paulo : Universo dos Livros, 2011.
208 p.

Tradução de: The wisdom of Pixar

ISBN 978-85-7930-214-5

1. Auto-ajuda. 2. Desenvolvimento pessoal. 3. Pixar .

CDD 791.4375083 22

Universo dos Livros Editora Ltda.
Rua Haddock Lobo, 347 – 12º andar • Cerqueira César
CEP 01414-001 • São Paulo/SP
Telefone: (11) 3217-2603 • Fax: (11) 3217-2616
www.universodoslivros.com.br
e-mail: editor@universodoslivros.com.br
Siga-nos no Twitter: @univdoslivros

Para Marcus,
Um grande fã de Carros
(especialmente do "Rei")

AGRADECIMENTOS

A fábrica de sonhos da Pixar é produto de muitas horas de pesquisa, redação, edição, pensamento e, é claro, sessões de filmes da Pixar. Este livro também precisou da colaboração de várias pessoas, entre as quais está minha família. Minha paciente esposa, Candace, novamente organizou minha agenda de escrita com graça e entendimento e, por isso, ofereço-lhe meus sinceros e amorosos agradecimentos. Meus quatro filhos também merecem uma palavra de afeto, embora eu deva acrescentar que eles gostaram de meu trabalho neste livro mais do que qualquer outro projeto de que já participei até agora, muitas vezes "sofrendo" comigo enquanto eu assistia aos filmes da Pixar e cenas-chave repetidamente. Obrigado, Anthony, Vicent, Dante e Marcus! Sem a presença de cada um de vocês, assistir aos filmes da Pixar não teria sido tão divertido. Também gostaria de oferecer um agradecimento especial à dedicada equipe da InterVarsity Press., que, como sempre, ofereceu-me excelentes ideias e sugestões ao longo do caminho, pelas quais sou grato.

Sumário

Introdução

Toy Story. Procurando Nemo. Ratatouille. WALL-E. Up – Altas Aventuras. Todos esses filmes cativantes vêm de uma fonte comum: a Pixar Animation Studios. Desde sua formação como uma empresa independente, em 1986, e também após sua compra pela Disney, em 2006, por um montante de 7,4 bilhões de dólares, a Pixar tem desfrutado de uma sequência ininterrupta de sucessos de bilheteria. Famílias em todo o mundo começaram a confiar na marca Pixar e em suas deslumbrantes imagens geradas por computador, de brinquedos, peixes, ratos, robôs, carros e muito mais.

Os filmes da Pixar, todavia, não são voltados exclusivamente para crianças. Em vez disso, eles apresentam temas que repercutem tanto em crianças quanto em adultos, consequência de uma animação arrebatadora, mas não apenas disso. As histórias contadas pela Pixar também são um elemento-chave de seu apelo, juntamente com seus personagens. Embora possamos estar assistindo a brinquedos ou carros que ganham vida, ou monstros, ou até mesmo ratos, os personagens criados pela Pixar possuem características de realidade com as quais podemos nos identificar. Além disso, em nosso mundo obscuro e muitas vezes negativo, os filmes da Pixar oferecem esperança, imaginação, beleza e um grau de pureza e inocência que chegam a ser considerados contraculturais em nossa época.

Sim, a natureza humana tem um lado negro que é competentemente representado por vários filmes corajosos que não são produzidos pelos estúdios da Pixar. A Pixar, no entanto, chama a atenção de volta ao mundo da virtude, já quase esquecido. Sentimos empatia – ou talvez até mesmo simpatia – pelos personagens dos filmes da Pixar porque nos identificamos com as suas lutas. Eles nos ajudam a compreender a melhor forma de construir nosso caráter moral. Todavia, o estúdio não faz pregação. Não existe a Primeira Igreja da Pixar para nos oferecer sermões, bancos, conselhos, incenso ou túnicas evanescentes (embora possamos dizer que a Pixar não deixa de passar o cesto de coleta antes de cada exibição!). Em vez disso, obtemos uma melhor compreensão da virtude por meio de histórias divertidas e atraentes.

A Pixar conta histórias. Essas histórias, por sua vez, têm o poder de nos envolver por completo – coração, alma e mente. Os personagens e enredos não precisam ser abertamente cristãos para nos instruir na virtude. Cristo envolveu seus ouvintes contando parábolas, não pregando ou dando palestras tediosas. Ele compartilhou histórias que tinham, em sua base, lições práticas de moral que se ligam a nós. Lembramos a parábola do bom samaritano e do filho pródigo não porque elas parecem sair de um livro sobre ética, mas porque são histórias que ecoam em nós, como seres humanos, e prendem nossa atenção.

Este livro não pretende transformar os filmes da Pixar em parábolas cristãs, ou tampouco sugerir que eles sejam, de alguma forma, secretamente cristãos. *A fábrica de sonhos da Pixar* explora o conteúdo dos filmes do estúdio principalmente no que diz respeito à forma como eles se relacionam com a virtude e aplica os conhecimentos na prática da vida cristã.

Os primeiros dois capítulos fornecem uma visão geral dos conceitos de virtude e de sabedoria, ao mesmo tempo em que abordam dois grandes temas presentes nos filmes da Pixar – esperança e imaginação – e sua relevância para a vida cristã. Os demais capítulos se concentram diretamente no conteúdo dos filmes da Pixar, analisando temas-chave como identidade, justiça, amizade, humor e família, entre outros. Embora cada capítulo enfatize um filme em particular, todos mencionam outras animações relevantes para o tema. No final de cada capítulo, você encontrará algumas questões para discussão, apropriadas para serem trabalhadas individualmente ou em pequenos grupos.

Caso deseje recordar o conteúdo dos filmes discutidos, consulte o Anexo A, "Roteiros dos filmes da Pixar". Se ainda não assistiu a um determinado filme discutido neste livro, seria interessante que você o visse antes de ler. (Isso não é uma exigência, mas você se divertirá mais se os assistir!). Finalmente, o Anexo B, "Curtas-metragens da Pixar", serve, conforme o título sugere, como um breve guia de alguns dos vários e divertidos curtas-metragens da Pixar, enquanto o Anexo C oferece um guia de discussão sobre os filmes e é apropriado tanto para uso individual quando em pequenos grupos.

Com suas animações, a Pixar criou obras divertidas, envolventes, agradáveis e edificantes. Chegou a hora de dar início à nossa viagem por elas, explorando a virtude e a sabedoria que lhes são inerentes.

1

Virtude e Sabedoria

Uma perspectiva animada

O centro de conferências está lotado de ouvintes ansiosos para descobrir mais sobre as complexidades da filosofia moral. Ao entrar no salão de conferências principal, você terá a sorte de conseguir se sentar perto o suficiente para ver os membros da mesa redonda em seus assentos. Com uma expressão nobre estampada no rosto, o moderador se aproxima do púlpito enquanto ajeita cuidadosamente seu chapéu. Ele então bate de leve no microfone para testar o som. "Alô? Testando. Assim está melhor? Todos conseguem me ouvir? Hoje a primeira mesa redonda é sobre a filosofia moral nos filmes da Pixar", ele anuncia. Você ouve, confuso, pois esperava um encontro acadêmico de estudiosos que apresentassem trabalhos eruditos sobre as mais refinadas questões de ética. Porém, o palestrante é Woody, um boneco caubói que você reconhece dos filmes *Toy Story*. Você até consegue vislumbrar o mecanismo para dar corda preso nas costas dele.

"Deixe-me apresentar nossos convidados", continua Woody enquanto aponta para os indivíduos sentados à mesa. "Primeiro, temos o patrulheiro espacial Buzz Lightyear. À sua esquerda está o Sr. Cabeça de Batata, ao lado do Porquinho e de Luxo Jr.. Por fim, temos John Lasseter, chefe de criação da Pixar Animation Studios".

Algo está errado. Você olha para o palco e vê vários personagens dos filmes *Toy Story*. Alguns deles estão organizando seus papéis e tomando notas, enquanto outros conversam baixinho. Você vê Buzz Lightyear, boneco espacial e estrela da série de filmes *Toy Story*, conversando animadamente com o Sr. Cabeça de Batata, que está usando, para a ocasião, boina, óculos e cavanhaque. Porquinho, um cofrinho, parece entediado. Ele brinca com uma moeda de 25 centavos enquanto a pequena luminária branca Luxo Jr. balança levemente sua "cabeça". O único humano no palco é John Lasseter. Ele está vestindo uma camisa havaiana de marca, mas parece excepcionalmente sério.

Um robô em formato de caixa passa e lhe entrega o programa, mas, acidentalmente, deixa cair a pilha de papéis que carregava. Rapidamente, ele se arrasta para recolhê-los e sai apressado. Logo atrás desse robô, você vê um robozinho branco, que parece um pouco aborrecido, fazendo a limpeza. Isso tudo deve ser algum tipo de piada. Folheando o programa que recebera, você se surpreende com os vários tópicos e com os palestrantes confirmados. "Ética da virtude no século XXI", apresentado por Betty; "As virtudes epistemológicas dos direitos dos animais", um discurso de Slinky; "Uma teoria lasseteriana da filosofia moral", um tratado preliminar de John Lasseter e "O imperador Zurg e o problema do mal", um artigo do Dr. Buzz Lightyear.

"A mesa redonda de hoje", continua Woody, "irá apresentar uma perspectiva animada sobre a virtude e a sabedoria. Após a discussão, os participantes poderão fazer suas perguntas". Woody deixa o púlpito, que somente agora você percebe ser uma lata azul e vermelha do *TinkerToy*. Curioso, você se acomoda na poltrona para ouvir o que espera ser uma esclarecedora discussão sobre a filosofia moral.

Não pretendo que você leve a sério esta inverossímil reunião. Os estúdios da Pixar Animation não estão trabalhando em estreita colaboração com os filósofos morais de modo a encher de ideologias éticas os filmes que produzem. Eles tampouco estão engajados de forma ativa nos estudos dos misteriosos aspectos da moralidade, da virtude e da sabedoria para introduzir em seus filmes ideias profundas sobre o certo e o errado ou sobre o significado da vida. No entanto, as animações da Pixar de fato contam histórias e, no processo de contar tais histórias, algumas ideias são apresentadas. Conforme a cultura ocidental passa da perspectiva "Você já leu...?" para o modelo "Você já viu...?", a influência dos filmes aumenta exponencialmente.

Portanto, embora as animações da Pixar não ofereçam exemplos clássicos das muitas facetas da filosofia moral, ainda assim podemos aprender bastante sobre temas como virtude e sabedoria com essas obras. Nesse sentido, o objetivo deste capítulo não é apresentar um estudo detalhado da ética, mas sim fornecer uma introdução geral do tópico, enfatizando especialmente a virtude e a sabedoria.

A ética da virtude

Existem várias abordagens sobre a ética, cada uma com sua terminologia específica: deontologia, metaética, teleologia, teoria da ordem divina, utilitarismo, egoísmo ético, ética normativa e ética aplicada, entre outras. Nosso objetivo, entretanto, não é investigar profundamente cada um desses tópicos. Em vez disso, o que pretendemos é, após apresentar uma breve definição de ética, observar especificamente os temas virtude e sabedoria.

Em breves palavras, a Ética é um ramo da *filosofia* que significa "amor à sabedoria". Preocupada com temas como o certo e o errado, a ética trata do que deve e do que não deve ser feito. Na prática, a ética está relacionada a como alguém deve ou não deve viver. A abordagem adotada neste livro é primordialmente aquela da *ética da virtude* ou da *teoria ética*, embora de fato outros aspectos, como uma perspectiva nitidamente cristã, sejam incorporados.

Com as raízes em Aristóteles, Santo Agostinho, São Tomás de Aquino e outros pensadores, inclusive Jesus Cristo, a teoria da virtude enfatiza o caráter moral. Consequentemente, construir o caráter moral é importante dentro desse quadro. O *Novo Testamento* não é um livro de filosofia ética, mas, ainda assim, inclui elementos da teoria da virtude. Um exemplo disso é o fato de ele encorajar o desenvolvimento das virtudes que ajudarão os cristãos a serem mais parecidos com Cristo. Perceba, também, que a teoria da virtude por vezes se refere a uma *ética do ser*, uma vez que se concentra no caráter de um indivíduo e em seu desenvolvimento ético em oposição às delimitações nítidas entre ações certas e ações erradas. Os sistemas éticos baseados na virtude salientam a importância do caráter ético além de sistemas baseados em regras. A maneira como uma pessoa vive sua vida é o foco da ética da virtude e, nesse sentido, o caráter se torna fundamental para a virtude.

O desenvolvimento do caráter moral e da virtude é importante, mas o sistema não está livre de falhas. Em algum ponto, os teóricos da virtude são forçados a apelar para um padrão que determinado tipo de caráter deve imitar, cultivar e buscar. É nesse ponto que a ética cristã pode entrar em cena e oferecer uma base sólida não apenas para a ética da virtude, mas também para as demais abordagens éticas.

Virtude, costume e ação

Infelizmente, o conceito de virtude nos dias atuais é, com frequência, mal compreendido. Há uma tendência de vinculá-lo à castidade ou a algum tipo de pensamento puritano. Não é errado utilizar virtude em tais sentidos, mas o conceito engloba muito mais do que isso. Ele diz respeito, por exemplo, à moralidade, ao certo e ao errado, ao bem e ao mal, conceitos estes, por conseguinte, relacionados à justiça, à coragem, ao amor etc. Para os filósofos da Antiguidade, a virtude era importante tanto para a definição de uma vida boa, quanto para indicar o que torna uma pessoa ou uma sociedade boa. Como tal, a virtude na Antiguidade estava relacionada à felicidade ou ao que eles chamavam de *eudemonia* – a felicidade e a moralidade como sendo interligadas na busca da vida boa.

O termo *felicidade* também pode causar confusão aqui. Hoje em dia, pensamos na felicidade essencialmente sob uma perspectiva limitada, como um estado de espírito particular que nos trás alegria, prazer e contentamento. Para Aristóteles, entretanto, o termo englobava nosso bem-estar moral. Em outras palavras, viver a vida bem. A prudência – ou o que poderia ser chamado de *sabedoria prática* – também está ligada à virtude. No entanto, voltaremos a esse tópico mais adiante.

Tanto Platão quanto Aristóteles, apesar de terem uma parcela de discordância, ligavam a virtude à prudência (sabedoria), à justiça, à temperança e à coragem – as chamadas quatro virtudes cardinais. Esses filósofos também viam a virtude como qualidade tanto interior quanto exterior. A virtude é interna na medida em que é a característica dentro de nós que luta intelectualmente com as escolhas éticas. Por outro lado, ela é externa uma vez que deve expressar-se exteriormente por meio das ações e do comportamento que resultam de nossas escolhas. Ser virtuoso, portanto, é mais do que simplesmente ler ou estudar ou conhecer: trata-se de viver a virtude e de construir o caráter. Para os cristãos, as virtudes naturais ou cardinais não são suficientes, pois também precisamos de virtudes nitidamente cristãs enraizadas em Deus, tais como fé, esperança e amor (conhecidas como virtudes teologais).

Outro elemento de virtude com o qual a ética está relacionada é o costume. Nesse ponto, pensadores como São Tomás de Aquino, embora não exclusivamente, concentraram-se na construção do caráter por meio do costume. Mais recentemente, o pensador cristão C. S. Lewis também enfatizou a ética da virtude e do costume em livros como *Cristianismo Puro e Simples*.

Entretanto, o conceito de costume que ajuda a construir o caráter e a virtude é objeto de críticas. A virtude poderia ser ensinada como a matemática? A virtude seria apenas um costume, de modo que tudo o que temos de fazer é praticá-la para forçá-la a "funcionar", em um sentido pragmático? Ou teria a virtude uma fonte transcendental?

Uma típica resposta cristã tenderia a alegar que a virtude, sendo um bem moral, está enraizada na bondade suprema de Deus e, como tal, não pode ser ensinada. Ao mesmo tempo, uma resposta cristã poderia dizer que podemos aprender a expressar em nossas vidas as virtudes dadas por Deus. Voltaremos a esse tópico no Capítulo 12.

A contraparte ética da virtude é o vício. Em *A República*, Platão afirma: "Assim, a virtude, como parece, é uma espécie de saúde e de excelência e de bom estado de alma, mas o vício é a doença e a deformidade e fraqueza".[1] Em resumo, se a virtude é certa e, portanto, desejável, então o vício é errado e, portanto, indesejado.

---

[1]Platão. *A República*. São Paulo: Martins Fontes, 2006. [*The Republic*. Trad. para o inglês de R. E. Allen. New Haven, Conn.: Yale University Press, 2006. p. 146].

Mas a virtude não está limitada ao indivíduo, embora esse seja, obviamente, o lugar por onde ela deva começar. Se quisermos influenciar o mundo para a glória de Deus, devemos, em primeiro lugar, nos influenciar. No entanto, a virtude precisa de ação. Um exemplo de virtude em ação é a justiça social – que faz diferença de modo efetivo em um mundo padecedor: não por orgulho ou por algum outro propósito equivocado, mas porque o amor de Deus nos obriga a fazer a diferença. Nesse sentido, a virtude pode ser sua própria recompensa, como disse Marco Aurélio.

Em termos cristãos, tudo o que fazemos e que é verdadeiramente virtuoso vem a nós pelo amor e pela graça de Deus e não pela nossa própria natureza decaída e corrompida. Sabedoria e virtude devem nos mover rumo à ação prática, e não simplesmente nos impelir a ficar sentados pensando sobre quão sábios e virtuosos podemos ou não ser.

A sabedoria primordial

A virtude e a sabedoria estão interligadas. A sabedoria, aliás, é uma virtude, um traço de caráter valioso que nos leva de volta à questão de viver a vida moralmente bem. A capacidade de promover julgamentos justos também está associada à sabedoria. Ser sábio é, afinal de contas, demonstrar o bom senso aplicado à vida. Embora tenhamos progredido ao longo dos séculos em tecnologia e em outras áreas, o mesmo não pode ser dito com relação à sabedoria de modo geral. Cada época – e, por sua vez, cada indivíduo – deve cultivar a sabedoria. Em outras palavras, a sabedoria histórica não tem mostrado avanço como outras áreas. Indivíduos tornam-se mais sábios, mas o mesmo não se aplica à humanidade como um todo. Teríamos perdido o interesse pela sabedoria e o substituído pelo interesse pelo progresso ou pela tecnologia (ver Capítulo 11)?

Em *A República*, Platão enfatiza a justiça, mas em *As Leis*, é a virtude da sabedoria que impera. Aristóteles, inclusive, desenvolve um plano de sete passos para a sabedoria, embora esse plano não pertença ao campo da autoajuda ou das variedades de psicologia popular. São Tomás de Aquino compreendia a sabedoria da mesma forma como a *Bíblia* a enxerga – isso é, estabelecida no "temor do Senhor" (Salmos 111:10; Provérbios 9:10).[2]

A sabedoria tampouco é domínio exclusivo dos cristãos. Tanto Santo Agostinho quanto São Tomás de Aquino consideravam a sabedoria não cristã como um prenúncio claro da sabedoria cristã. Como tal, São Tomás de Aquino considerava preciosa a sabedoria natural de Aristóteles. Do mesmo modo, não devemos nos esquivar da sabedoria simplesmente porque ela está baseada em algo como um filme de animação produzido por computação gráfica.

Milton, em *Paraíso Perdido*, escreveu: "Aquilo que está diante de nós na vida diária é a Sabedoria primordial".[3] Em um sentido bastante real, a "Sabedoria primordial" no Cristianismo é Deus. A partir Dele flui a sabedoria, a virtude moral perfeita e a santidade. Ambos os Testamentos têm muito a dizer sobre a sabedoria. No *Antigo Testamento*, ela é representada como um atributo divino por meio do uso da linguagem poética (ver Provérbios 8, por exemplo). Há inclusive um reconhecido gênero bíblico chamado de "literatura da Sabedoria", que inclui Jó, os Provérbios e o Eclesiastes. Uma sabedoria divina distinta é mencionada em várias passagens, dentre as quais o Primeiro Livro dos Reis 3:28, o Livro de Esdras

---

[2]Todas as passagens da *Bíblia* citadas foram retiradas do site: *http://www.biblia-online.com.br/acf*, onde é possível encontrar várias versões da *Bíblia* (Católica, Evangélica, Nova Versão Internacional etc.). O conteúdo digitalizado e disponibilizado no site é referente às seguintes edições: *Bíblia Sagrada*: edição da Sociedade Bíblica Brasileira (Trad. João Ferreira de Almeida, 1995) e a *Nova Versão Internacional*: Sociedade Bíblica Internacional (vários tradutores, 2001).

[3]Milton, John. *O Paraíso Perdido*. São Paulo: Martin Claret, 2002. [Ed. em inglês: Paradise Lost. New York: Penguin Classics, 2003. p. 172].

7:25, Jó 12:13 e Lucas 11:49. No *Novo Testamento*, o termo comum para sabedoria é *sophia*, que faz parte da palavra *filosofia* que, como já dissemos, significa o "amor à sabedoria".

Há, ainda, um sentido em que a sabedoria humana em si não é realmente o tipo de sabedoria desejada por Deus. No Primeiro Livro de Coríntios 1:20, por exemplo, lemos: "Onde está o sábio? Onde está o escriba? Onde está o inquiridor deste século? Porventura não tornou Deus louca a sabedoria deste mundo?". Há algumas maneiras de compreendermos essa passagem. Podemos, em primeiro lugar, entendê-la como uma ênfase à grandeza e à suprema bondade e sabedoria de Deus como algo distante de qualquer coisa que nós, humanos, podemos considerar sábio. Em segundo lugar, também é possível compreender tal passagem como uma demonstração das inadequações da sabedoria humana em si, isso é, as limitações da sabedoria humana separadas de Deus. Além disso, há ainda um aspecto de visão de mundo nessa passagem, visto que qualquer visão de mundo que não seja fundada em Deus e em Suas verdades reveladas não é suficiente para explicar a realidade e oferecer uma solução para o dilema humano. A sabedoria que Paulo transmite, guiado pelo Espírito Santo, é, de fato, uma sabedoria divina, não uma sabedoria comum. Em outras palavras, a sabedoria de Deus é, por definição, extraordinária e, como tal, faríamos bem em ouvi-la.

O que é que enriquece a vida? Em termos bíblicos, a resposta para essa pergunta é uma vida virtuosa, enraizada em Deus. Como colocado nos Provérbios 3:13-14: "Bem-aventurado o homem que acha sabedoria, e o homem que adquire conhecimento; porque é melhor a sua [a sabedoria personificada] mercadoria do que artigos de prata, e maior o seu lucro que o ouro mais fino". Uma vida que valha a pena ser vivida é fundada na virtude e na sabedoria, que são, por sua vez, estabelecidas em Deus. No *Novo Testamento* é Jesus Cristo, a imagem perfeita de Deus, nosso exemplo da perfeita sabedoria de Deus (1 Coríntios, 1:24). É Jesus Cristo "em quem estão escondidos todos os tesouros da sabedoria e da ciência" (Colossenses 2:3).

Ética prática

É importante reiterar o fato de que a leitura e o aprendizado sobre a ética não devem morrer em sua poltrona. Como os outros capítulos deste livro procuram enfatizar, no que diz respeito aos filmes da Pixar, a ética possui uma relevância prática. Os problemas éticos são comuns em nossa vida cotidiana. Algumas vezes, as escolhas morais com as quais nos deparamos dizem respeito a questões bastante simples, ao passo que, outras vezes, os desafios éticos são complexos e de grande importância. Ao longo do tempo, é de nosso interesse procurar cultivar a virtude em nossas vidas e, ao fazer isso, cultivar nosso caráter.

Sendo uma virtude, a sabedoria é fundadora, assim como o amor. De fato, o amor de Deus é o que deve mover cada um de nós a perseguir virtudes religiosas. Quais aspectos de virtude e de sabedoria os filmes da Pixar podem nos comunicar? Os próximos capítulos enfatizam dez aspectos, selecionados não necessariamente em razão de serem os temas centrais dos filmes com os quais são associados, mas sim por sua importância e por seu valor. Entretanto, antes de chegarmos neles, vamos abordar dois temas recorrentes e fundamentais que os filmes da Pixar transmitem: a esperança e a imaginação.

Questões para discussão

1. A ética orientada à virtude enfatiza a construção do caráter. Qual é o papel do costume nesse processo?

2. Qual é a sua opinião sobre aprender a respeito da sabedoria e da virtude a partir de fontes não cristãs?

3. Os filmes e a televisão tomaram o lugar dos livros como forma predominante de entretenimento? Por que ou por que não? Em qualquer um dos casos, em que extensão os filmes influenciam os indivíduos e a cultura?

4. De acordo com o exemplo de sabedoria divina do *Novo Testamento*, os cristãos devem procurar imitar a Deus. Quais virtudes Ele demonstrava? Qual sabedoria Ele oferecia?

5. Elenque pelo menos dois exemplos específicos que Jesus Cristo nos deixou no que diz respeito às virtudes que podemos imitar. Se você tiver dificuldades em pensar em alguns exemplos, leia a parábola do bom Samaritano e discuta os elementos de virtude que encontrar na história (ver Lucas 10:25-27).

2

Esperança e Imaginação

Toy Story

"Ao infinito... e além!"

Em *Procurando Nemo*, após escapar de um tubarão faminto e de uma grande explosão em um campo minado, os peixes Marlin e Dory estão exaustos. Marlin está ansioso para encontrar seu filho, Nemo, mas agora acabara de perder a melhor pista para encontrá-lo – uma máscara de mergulho em que está escrito o endereço do mergulhador que capturou Nemo. Desaminado, Marlin não sabe o que fazer. "Aquela era minha única chance de encontrar meu filho; agora ela se foi!". Dory, no entanto, não se deixa intimidar facilmente. "Ei, enfezadinho do oceano", começa, "quando a vida decepciona, qual é a solução? Continue a nadar, continue a nadar, continue a nadar, continue a nadar, nadar, nadar. Para achar a solução, nadar, nadar, nadar". Dory continua cantando alegremente enquanto leva Marlin para as profundezas escuras do oceano em busca da máscara perdida. O desespero tomara conta de Marlin, mas Dory continua esperançosa diante da adversidade. Os filmes da Pixar têm uma maneira de trazer à tona o lado otimista da vida e nos induz a "continuar a nadar", independentemente das circunstâncias.

Todavia, esses filmes trazem mais do que simplesmente o tema universal da esperança: eles também são repletos de imaginação. Em *Toy Story*, primeiro filme da Pixar, os brinquedos ganham vida quando os humanos não estão por perto. No início do filme, Woody, um caubói de pano, sobe na cama e vê uma imponente figura de ação. Trata-se do patrulheiro espacial, também conhecido como Buzz Lightyear. Buzz, que não sabe que é um brinquedo, tenta entrar em contato com o Comando Estelar, cujo silêncio o deixa intrigado. Furioso por causa dos danos causados em sua "nave" – a caixa na qual veio –, Lightyear grava uma mensagem de voz em seu diário de missão, constatando que fizera um pouso forçado em um "planeta estranho". Woody e os outros brinquedos do quarto cumprimentam Buzz. Quando o caubói se refere a Buzz como um brinquedo, o patrulheiro espacial não fica contente com as brincadeiras relacionadas ao fato de ele ser ou não capaz de voar. O patrulheiro, então, propõe demonstrar sua perícia de voo e, enquanto se prepara para saltar de uma coluna da cama, profere a já famosa frase "Ao infinito... e além!". As palavras de Lightyear podem muito bem ser um chamado à criatividade e à imaginação. Este certamente é o caso da Pixar, já que o estúdio continua a criar fantásticas aventuras que também tomam como base realidades com as quais muitos podem se identificar.

O foco deste capítulo será dois importantes temas explorados pelos filmes do estúdio: a esperança e a imaginação. Esses temas são relevantes não apenas para as histórias em si, mas também para a vida cotidiana e para as implicações específicas dentro da vida cristã. Vamos começar observando a esperança de um modo geral, tal como ela é retratada nos filmes da Pixar e em sua perspectiva bíblica.

A esperança segundo a Pixar

No cinema, as tendências vêm e vão, mas sempre há espaço para filmes que retratam a esperança e o otimismo, como o clássico *A felicidade não se compra*. Contudo, alguns títulos enfatizam o lado obscuro de nosso mundo – a cruel realidade de um mundo despedaçado pelo pecado (*Batman – O cavaleiro das trevas* é um bom exemplo contemporâneo desse tipo de filme). Da mesma forma que é importante compreender a corrupção manifesta no mundo, também é preciso afirmar as alegrias, as oportunidades e as esperanças que estão abertas para nós. No que diz respeito a esse ponto, os filmes da Pixar retratam a esperança com tamanha excelência que, por conta de suas afirmações positivas, alguns chegam a considerá-los elementos de contracultura. Isso não significa que a Pixar evita tópicos desafiadores. Em vez disso, o estúdio lida com eles de maneira tal a deixar a esperança intacta.

A animação *WALL-E*, por exemplo, aborda o tema da poluição da Terra. O lixo produzido pelos seres humanos está por todos os lados, até mesmo no espaço, onde milhares de satélites descartados estão orbitando nosso planeta. Após destruírem a Terra e partirem para o espaço, os humanos deixam o trabalho sujo da limpeza para ser feito por robôs como WALL-E (acrônimo em inglês para *Waste Allocation Load Lifters - Earth-Class*; em português, Levantadores de Carga para Alocação de Lixo – Classe 'Terra'), o personagem principal. Apesar disso, a música de abertura, retirada do musical *Alô, Dolly!* – "Put on Your Sunday Clothes" – imediatamente estabelece um tom de otimismo e de esperança enquanto imagens das maravilhas do espaço, geradas por computador, deslumbram os espectadores.

Apesar de acompanhar imagens de uma Terra imunda e maltratada, a música esperançosa e otimista é um elogio às maravilhas e às alegrias do mundo. Pilhas de lixo do tamanho de arranha-céus não são suficientes para estragar a atmosfera de *WALL-E*, um filme que, no fim das contas, é essencialmente sobre o amor (e também com uma boa dose de filosofia da tecnologia).

Up – Altas Aventuras, fiel ao seu título, também é edificante. Embora contenha uma parcela das realidades do sofrimento humano, a animação é, essencialmente, um filme sobre a esperança. Por meio de uma fantástica aventura, o rabugento Carl Fredricksen aprende novamente a aproveitar a vida, torna-se amigo de um menino carente de atenção e percebe que, embora o amor de sua vida, Ellie, tenha partido, ela quer que ele desfrute das aventuras que ainda o aguardam.

Fé, Esperança e Amor

Juntamente com a fé e com o amor, a esperança é uma das três virtudes cristãs mais importantes (I Coríntios 13:13; Colossenses 1:5; I Tessalonicenses 1:3; 5:8). A verdadeira natureza da esperança é oposta ao desespero. A *Bíblia* se refere ao "Deus da esperança", ligando "a alegria e a paz" à esperança fundada na crença em Deus (Romanos 15:13). A esperança cristã exige a fé em Deus e em Sua bondade. Seu amor ou, poderíamos dizer, Sua onibenevolência (todo-amor), é a base da esperança.

Enquanto o *Velho Testamento* enfatiza a esperança em Deus Pai, o *Novo Testamento* destaca a fé no filho de Deus. O apóstolo Paulo se refere a Jesus como "Cristo Jesus, nosso Senhor" (I Timóteo 1:1). O exemplo essencial da esperança que Jesus Cristo oferece é a realidade de Sua ressurreição dos mortos. Por sua vez, isso nos oferece a esperança da cura prometida e da restauração da criação que Deus prometera, juntamente com a completa manifestação de Seu reino – o *eschaton* ou o clímax final da história guiada por Deus.

Ao mesmo tempo que, de modo geral, a esperança diz respeito a ter uma atitude positiva com relação ao futuro, a dimensão bíblica adiciona Deus como seu ponto central. Consequentemente, a esperança não é uma técnica, não deve ser colocada em um campo particular de investigação tal como a ciência e a tecnologia, a política ou o indivíduo, não importa quão influentes tais indivíduos possam ser. Em vez disso, a esperança cristã é guiada por Deus. Em resumo, se Deus existe, há esperança. A visão cristã da esperança deve nos induzir a um envolvimento positivo com nosso mundo em áreas como a justiça social – não porque podemos aperfeiçoar o mundo por conta própria, mas porque sabemos que existe uma direção intencional para a história guiada por Deus e porque devemos imitar a compaixão de Cristo em ajudar os outros.

É fácil se desaminar com o espírito de nossa época e, embora as coisas frequentemente pareçam desesperadoras, a virtude cristã da esperança nos chama para nos concentrarmos em Deus. É tarefa dos cristãos oferecer esperança com base na realidade provida pelo Deus vivo. Juntamente com a esperança vem a oportunidade de deixar para trás o desespero em troca de uma razão fundada na visão de mundo cristã. Nesse ponto, a imaginação pode nos ajudar ao longo do caminho, conforme lidamos com os desafios da vida e da cultura que nos cercam.

A imaginação segundo a Pixar

A imaginação é parte da natureza humana e a chama criativa está em nossa constituição. Ela conduz os momentos de lazer, de criatividade artística e de fuga para os reinos fantásticos, seja por meio da literatura, da música, da pintura, do cinema ou de outras expressões humanas. Todo filme da Pixar é criativo e imaginativo. Entretanto, de onde vem essa criatividade e imaginação? Qual papel elas desempenham na vida cotidiana? Será que algumas formas de imaginação são prejudiciais? A criatividade teria sua origem junto à imagem de Deus? Possuir algum nível de compreensão da natureza e do papel da imaginação ajudará a compreender melhor o papel da virtude na imaginação e de que maneira ela também pode nos ajudar a nos tornarmos pessoas melhores.

A Pixar claramente valoriza a criatividade e a imaginação. Juntamente com a ênfase colocada em contar uma boa história, os filmes da Pixar se desenvolvem a partir de personagens e cenários criativos, frutos da imaginação. As animações não ignoram as únicas e variadas expressões da criatividade artística nos seres humanos. *Ratatouille*, um filme sobre um rato que quer ser um *chef de cuisine*, é bastante claro no que diz respeito à sua admiração pela imaginação humana. Como explica Remy, o protagonista, "Sei que eu deveria odiar os humanos, mas há algo interessante neles. Eles não apenas sobrevivem, eles descobrem, eles criam!". Chef Gusteau, personagem humano da obra, ressalta a criatividade humana quando compara a feitura de um prato à arte da música: "A boa comida é como uma música que você pode experimentar, como uma cor que você pode sentir. Há excelência por todos os lados. Você apenas precisa ficar atento para parar e saboreá-la".

A imaginação também é valorizada em *Toy Story 1* e em *Toy Story 2*. Ambos os filmes apresentam cenas do garoto Andy se divertindo com seus brinquedos. Suas brincadeiras envolvem naturalmente a imaginação.

Toy Story 1 começa com um assalto em um antigo banco do oeste, liderado por ninguém menos do que o Sr. Cabeça de Batata (também conhecido como Bart Caolho). É preciso que o caubói Woody, o boneco de pano, salve o dia (juntamente com seu dinossauro Rex, que por acaso devora cães que constroem campos de força).

Em *Toy Story 2*, Andy não se preocupa com o fato de ter de ir para o acampamento com a mãe e com a irmã em alguns minutos. Em vez de isso, esses minutos se tornam uma oportunidade para a criatividade e imaginação. Dessa vez, Betty está sendo mantida presa pelo Porquinho, que está usando um chapéu-coco preto e tem um exército de soldadinhos de brinquedo a seu dispor. Para salvar Betty de ser devorada por um tubarão ou da sempre popular "morte por macacos", Andy traz Buzz Lightyear para juntar forças com Woody e, juntos, eles salvam o dia.

O grau de criatividade expressa pelos seres humanos, adultos ou crianças, é único de nossa espécie. Contamos histórias, brincamos, criamos arte visual, compomos músicas e escrevemos livros. Em resumo, imaginamos e damos vida a ideias cheias de criatividade. Temos prazer com a inteligência e nos deleitamos quando somos entretidos pela criatividade humana.

A criatividade à imagem de Deus

Onde se origina a imaginação? Em termos bíblicos, ela deriva do fato de que apenas os seres humanos foram feitos à imagem de Deus (Gênesis 1:26-27). A força conhecida como *imago Dei* é o que nos guia criativa, imaginativa, intelectual, moral e espiritualmente, entre outras coisas. Como Cheryl Forbes astutamente observou: "A imaginação é a imagem de Deus em nós" [1]

Ou, como o pensador cristão Francis Schaeffer coloca: "O cristão é aquele cuja imaginação pode voar além das estrelas".[2] Por quê? Porque a visão de mundo cristã nos oferece uma sólida base

---

[1]Forbes, Cheryl. "Imagination". In: *The Complete Book of Everyday Christianity*. Ed. Stevens, R. Paul; Banks, Robert J. Downers Grove, Ill. InterVarsity Press, 1997. p. 516.

[2]Schaeffer, Francis. *Art and the Bible*. IVP Classics ed. Downers Grove, Ill.: InterVarsity Press, 2006. p. 91.

para a criatividade e imaginação humanas. Assim como Deus é criativo, da mesma forma também o somos em menor proporção. A própria *Bíblia* é rica em figuras de linguagem vívidas e em histórias cativantes. O grau de criatividade dos seres humanos pode até mesmo ser usado como uma linha de argumentação para a existência de Deus. Em um mundo que é supostamente o resultado do acaso e do tempo, por que razão deveríamos considerar qualquer coisa bela ou criativa ou imaginária em qualquer sentido? É relevante para nossos objetivos, expressos nos capítulos posteriores, a ideia de que a imagem de Deus em nós nos garante a capacidade de vivermos como seres morais.

No entanto, é claro que nem tudo o que criamos e imaginamos é perfeitamente sagrado. Como tudo o que é bom, a imaginação também pode ser distorcida pela corrupção humana. Algumas vezes, podemos abusar da imaginação e da fantasia em vez de nos concentrarmos no mundo real. Em alguns casos, a imaginação se torna destrutiva. Como John Weldon e James Bjornstad afirmaram:

> *A fantasia é, de fato, parte da criação de Deus, uma vez que Deus criou o homem com imaginação e com capacidade de fantasiar [...] Contudo, a fantasia não se justifica em si mesma. Isso porque, em geral, ela é parte da criação de Deus e nenhuma fantasia específica é necessariamente boa ou ruim [...] Até mesmo a "boa" fantasia pode ser corrompida pelo excesso [...] Há ainda seu uso destrutivo e distorcido (por exemplo, a fantasia com aventuras sexuais ou com violência extrema em relação a alguém).*[3]

Ainda que a fantasia e a imaginação possam abrir a porta para o perigo, isso não descarta a possibilidade de elas comunicarem a verdade cristã. Várias coisas têm o potencial de levar ao peca-

---

[3] WELDON, John; BJORNSTAD, James *Playing with Fire*. Chicago: Moody Press, 1984. p. 46-47.

do, mas a sabedoria e o discernimento cristãos podem tomar tais coisas, como a imaginação, e usá-las para a glória de Deus. Na primeira carta aos Coríntios, o apóstolo Paulo escreve: "Todas as coisas me são lícitas, mas eu não me deixarei dominar por nenhuma" (I Coríntios 6:12 NVI).

W. Harold Mare comenta que "toda ação que contemplamos deverá ser testada por duas perguntas: 'Qual será seu benefício?' e 'Ela irá me dominar e me escravizar e, assim, exercer um efeito negativo sobre a Igreja e sobre meu testemunho de Cristo?'".[4]

Para comentar Mateus 5:29-30, passagem em que Jesus figurativamente sugere que medidas extremas sejam tomadas "se o teu olho direito te escandalizar" ou "se tua mão direita te escandalizar", D. A. Carson escreve: "A imaginação é um dom de Deus, mas, se for alimentada pela imundice do olho, ela também será imunda. Todo pecado [...] tem início com a imaginação; portanto, o que alimenta a imaginação é de máxima importância na busca do reino da justiça".[5]

Existem potenciais infortúnios da imaginação, mas isso não significa que sua busca deva ser descartada, desde que essa busca seja realizada de uma forma saudável.

A moral da história

Nossa esperança está em Deus, apoiada por Seu amor e alcançada por nossa fé. A esperança é inútil a não ser que algo por trás dela garanta que nossas perspectivas positivas estejam baseadas em uma realidade alcançável. Além disso, a imaginação é, de fato, a imagem de Deus trabalhando em e por meio de nós. Ele

---

[4]MARE, W. Harold. *Comments on 1 Corinthians 6:12-20, Expositor's Bible Commentary*. vol. 10. Ed. Frank Gaebelein. Grand Rapids: Zondervan, 2006 CD-ROM.
[5]CARSON, D. A. *Comments on Matthew 5:29-30, Expositor's Bible Commentary*. vol. 8. Ed. Frank Gaebelein. Grand Rapids: Zondervan, 1984. p. 151.

nos proveu de uma enorme quantidade de criatividade e, quando apropriadamente direcionada, nossa imaginação pode contribuir positivamente para que façamos diferença no mundo. Ademais, porque somos feitos à imagem de Deus, também somos, por natureza, seres morais. Sejamos cristãos ou não, sentimos diariamente o impulso da lei natural de Deus em nossas vidas. Aprender mais sobre essas virtudes nos ajudará a crescer no que diz respeito ao nosso caráter. As histórias nos oferecem vários exemplos de vício e de virtude e esperamos que essa última aumente em nós ao passo que o primeiro diminua.

Enquanto a esperança e a imaginação são temas universais que aparecem de forma consistente nas animações da Pixar, cada filme também toca em virtudes-chave, oferecendo sábios ensinamentos ao longo do caminho. Nos próximos capítulos, veremos dez exemplos da sabedoria segundo a Pixar, começando com o tema da *identidade,* presente na animação *Toy Story*.

Questões para discussão

1. De que forma a esperança é relevante para a virtude?

2. Aponte algumas diferenças entre a esperança de modo geral e a esperança de caráter marcadamente cristão.

3. Como a imaginação humana funciona como um argumento para a existência de Deus?

4. Discuta esperança e imaginação tal como são expressas em um ou mais filmes da Pixar. De que maneira esses tópicos aparecem nos títulos que você escolheu? Em quais outros filmes que abordam a temática da esperança você consegue pensar?

3

Identidade

Toy Story

"Você é um brinquedo!"

AÇÃO!

Toy Story

Data de lançamento nos Estados Unidos: 22 de novembro de 1995.

O caminho para a fama de *Toy Story*, primeira animação feita por computação gráfica, estava longe de ser conhecido. Embora o enredo básico tenha permanecido igual desde o início – brinquedos que querem que as crianças brinquem com eles –, outros fatores foram desenvolvidos e modificados durante o percurso. O papel principal, por exemplo, foi originalmente concebido para Tinny, do curta-metragem da Pixar *Tin Toy* (ver anexo B), ao passo que uma versão inicial de Buzz Lightyear foi nomeada *Lunar Larry*. O roteiro também passou por várias reformulações, finalmente dando os créditos a quatro pessoas, incluindo Joss Whedon, que mais tarde se tornaria conhecido com o seriado *Buffy, A Caça-Vampiros*.

Coisas estranhas estão acontecendo com Woody, o boneco caubói. Ele costumava ser o brinquedo preferido de Andy, mas agora não é mais. Desde o repentino aparecimento do brinquedo espacial Buzz Lightyear na festa de aniversário, Woody está se sentido fora do lugar e com um pouco de ciúme. Entretanto, ele não é o único com problemas. A gota d'água para Woody foi quando, em uma manhã, ele acordou em uma caixa de brinquedo em vez de em seu usual posto na cama de Andy. "Certo", disse exasperado, "então é isso!". Ele pisa em Buzz, que está ocupado trabalhando no conserto de sua nave espacial (a caixa de papelão em que veio). Depois de advertir para que Buzz ficasse longe de Andy, Woody acrescenta: "Pare com essa coisa de homem do espaço. Ele está me dando nos nervos!". Quando Woody empurra o patrulheiro e o capacete do brinquedo do espaço se abre, Buzz cai no chão, tentando respirar desesperadamente, e fica surpreso ao descobrir que o ar não é tóxico. "Você realmente acha", diz Woody, "que *é* o Buzz Lightyear?". Entretanto, será necessário mais que esse encontro para Buzz aceitar sua verdadeira identidade.

O conceito de identidade é bastante significativo. Quem somos define o que fazemos, e o contrário também é verdadeiro. Se não temos um entendimento saudável do conceito de identidade, vagaremos pela vida, incertos sobre o que fazer com nossa própria existência. Como no caso de Buzz Lightyear, a falta de compreensão da identidade pode realmente ser uma forma de gerar decepção. Conhecer a verdade sobre quem somos e para o que fomos feitos é importante. De modo geral, o que é a identidade? O que, especificamente, é um conceito cristão de identidade? Será que a identidade se relaciona com a sabedoria e com a virtude? De que maneira os filmes feitos por computação gráfica podem nos ajudar com o conceito de identidade? Essas são algumas questões que procuraremos responder neste capítulo.

Quem sou eu?

A identidade é um conceito ao mesmo tempo simples e complexo. Em um nível elementar, ela tem a ver com quem somos e, como tal, diz respeito a uma questão filosófica fundamental: "Quem sou eu?". Todavia, a identidade também é complexa e multifacetada. Várias influências contribuem para desenhar nossa identidade, incluindo nossa base familiar, nossa raça, nosso ambiente cultural, nossas inclinações vocacionais, nossas crenças religiosas e nossas escolhas morais, entre outras coisas. A incapacidade de estabelecer uma identidade saudável geralmente resulta em confusão e infelicidade.

Enquanto alguns podem abordar a questão da identidade de variadas formas, a posição cristã sobre esse conceito é única. Para os cristãos, a identidade é primeira e fundamentalmente encontrada em Deus. Este é o motivo pelo qual somos feitos à imagem de Deus (Gênesis 1:26-27), um conceito abordado no Capítulo 2 em relação à criatividade humana.

A imagem de Deus em nós é a chave para a compreensão de nossa identidade e de nosso propósito, assim como para restaurarmos nossa relação com Ele. No *Novo Testamento*, Cristo representa a imagem de Deus (II Coríntios 4:4, Colossenses 1:15), fornecendo-nos, desse modo, um exemplo de como é a imagem de Deus. Embora muito mais possa ser dito a respeito desse tópico, sua relevância aqui está ligada à identidade relacionada com a virtude. A imagem de Deus engloba a esfera moral, motivo pelo qual somos criaturas morais. Se nossa visão de mundo tem um fundamento próprio em Deus, então também o deve ter nossa identidade. Consequentemente, nossas escolhas morais refletirão esse fato.

A identidade é relevante para os cristãos tanto em um sentido individual quanto em relação à Igreja como um todo. Individualmente, nossa identidade em Cristo está relacionada com o conceito de *chamado*. O que é o chamado cristão? Em um sentido amplo, chamado se refere ao trabalho de Deus no que diz respeito à restauração da relação rompida com os seres humanos. Um chamado especial, por outro lado, tem a ver com o trabalho de Deus especificamente na vida de um indivíduo, levando-o à oportunidade de ter fé em Cristo. Há, ainda, outro conceito, conhecido como chamado efetivo, que é relevante para a graça e o perdão de Deus. Para nossos objetivos aqui, entretanto, o chamado especial e o chamado geral são exemplos suficientes.

Como cristãos, somos chamados a servir a Deus tanto nesse mundo como no mundo pós-morte. Isso significa, em um nível prático, que nosso chamado deve nos levar a fazer uma diferença no mundo. Precisamos compartilhar a verdade de Deus e demonstrar Seu amor por meio de nossas ações, uma ideia que retorna mais uma vez ao conceito de virtude. Não basta ser cristão e não fazer nada. Deus nos chama a interagir positivamente no mundo.

A identidade também está relacionada à Igreja como um todo: o povo de Deus, representado por todo o mundo nas várias expressões de adoração. Se a Igreja não é tão diferente em seu comportamento do que os aspectos negativos da cultura que a cerca, então o povo de Deus está passando por uma crise de identidade. Entretanto, se a Igreja realmente estabelecer sua identidade em Deus, em Seu chamado e em Seus propósitos, então podemos, de fato, oferecer alguma luz na escuridão.

A identidade segundo a Pixar

Identidade, chamado e propósito são conceitos fundamentais. Obviamente, seria ingênuo pensar que os estúdios de Animação da Pixar Animation Studios se reuniu com a finalidade específica de discutir questões filosóficas profundas da identidade, do chamado e do propósito humanos e do sentido da vida. Trata-se de filmes para a família, direcionados primeiramente ao entretenimento. Todavia, as animações realmente nos oferecem vários exemplos relevantes à identidade. Quando Helena (também conhecida como a Mulher Elástica de *Os Incríveis*) diz aos filhos: "A identidade é a coisa mais importante. E se estiverem em perigo, protejam-se", seria esse um esforço para esticar (trocadilho intencional) o termo a uma aplicação além do contexto imediato? Sendo uma super-heroína, Helena sabe que é importante manter sua verdadeira identidade em segredo, sabedoria que compartilha com os filhos. Entretanto, em outro nível, a identidade é, de fato, um bem valioso, que estabelece quem somos e quais são nossos propósitos neste mundo. Três filmes da Pixar nos servirão de exemplo aqui: *Toy Story 1*, *Toy Story 2* e *Ratatouille*.

"Você é um brinquedo de criança!"

Já situamos a crise de identidade de Buzz Lightyear. Simplificando, ele não percebe que é um brinquedo, mas acredita ser um verdadeiro patrulheiro espacial, encarregado de proteger e salvar a galáxia. Duas cenas de *Toy Story 1* servirão para demonstrar o conceito de identidade. A primeira envolve Woody e Buzz, quando eles estão perdidos no posto de gasolina Dinoco. Woody percebe imediatamente a gravidade da situação e grita: "Eu sou um brinquedo perdido!". Buzz, no entanto, ainda está iludido e acredita ser um patrulheiro espacial em uma importante missão. Quando Buzz afirma que a "segurança de todo este universo" está em perigo por causa de Woody, o boneco caubói se irrita. Incapaz de se conter, Woody grita para Buzz: "Você é um brinquedo! Você não é o verdadeiro Buzz Lightyear... você é um boneco de ação! Você é um brinquedo de criança!". Mas Buzz não dá ouvidos a nada disso e continua convencido de que é um patrulheiro espacial. "Você está triste, estranho homenzinho", responde Buzz, "e eu tenho pena de você". Será necessário outro encontro, mais chocante, para que Buzz perceba a verdade sobre sua identidade.

Após uma série de desventuras, Buzz e Woody acabam sendo capturados por Sid, o garoto malvado. Durante uma tentativa de fuga, Woody e Buzz precisam se esconder rapidamente ou então correrão o risco de serem mastigados por Scud, o perverso cão de Sid. Buzz corre para uma sala onde há uma televisão ligada e ouve uma mensagem: "Chamando Buzz Lightyear! Entre, Buzz Lightyear. Este é Comando Estelar." Buzz, por um momento, anima-se, pensando que se trata de uma mensagem verdadeira para ele. Entretanto, o boneco espacial logo se depara com um comercial de televisão que anuncia os bonecos de ação Buzz Lightyear. A voz de Penn Jillette, de "Penn e Teller", completa o comercial. O famoso narrador da propaganda anuncia, "o maior super-herói do mundo, agora o maior brinquedo do mundo! Buzz tem tudo!". Buzz assiste confuso enquanto vê a si mesmo na televisão demostrando seu golpe de karatê, seu laser de luz pulsante, seu simulador de voz e suas asas espaciais de alta pressão (acompanhadas na tela pelas humilhantes palavras "ESTE BRINQUEDO NÃO VOA").

Ele fica atordoado. Pela primeira vez, Buzz percebe a frase *Made in Taiwan* na parte interior de um compartimento em seu braço. A canção de Randy Newman, *I Will Go Sailing No More*, começa a tocar, enfatizando a descoberta de Lightyear de que ele é, na verdade, apenas um brinquedo. Porém, ele ainda não consegue aceitar sua verdadeira identidade. Agarrando-se à sua identidade de um patrulheiro espacial, ele decide tentar voar. Em sua corajosa tentativa, o brinquedo se depara com a realidade de que não pode fazê-lo. Ele de fato não é um patrulheiro espacial, mas um brinquedo, como Woody havia dito.

Quando cai no chão, Buzz quebra um braço e fica frustrado, impotente e confuso. "Eu sou apenas um brinquedo, um brinquedo estúpido e insignificante", diz. Felizmente, Lightyear não é deixado em aflição. Por um momento, ele desiste da esperança, mas Woody explica ao patrulheiro espacial a importância de ser um brinquedo. O boneco caubói incentiva Buzz a ser o que fora feito para ser: um grande brinquedo capaz de fazer uma criança feliz.

O rodeio do Woody

Em *Toy Story 2*, a situação se inverte. Woody sabe que é um brinquedo, mas se esqueceu do que isso significa. Sua crise de identidade o leva a querer viajar para um museu de brinquedos no Japão, onde ficará em exposição com outros brinquedos e objetos associados a uma clássica série de ficção televisiva chamada *O rodeio do Woody* (que é uma referência ao programa *vintage* de televisão *Howdy Doody*).

Todavia, a mudança no que Woody pensa a respeito de sua identidade não é imediata. Ela tem início com a preocupação do boneco caubói ser descartado como um brinquedo, pois sabe que não vai durar para sempre e que, em algum momento, Andy vai crescer e não vai mais querer brincar com brinquedos. Aliás, esse medo é algo que se concretiza em *Toy Story 3*, quando Andy, ao se preparar para ir para a faculdade, doa seus brinquedos para a creche onde eles são, em geral, mal tratados. Onde estará Woody quando essa hora chegar? Vale a pena continuar com Andy e com seus companheiros brinquedos, ou viajar para o Japão para fazer parte de uma coleção do museu seria uma escolha melhor?

Como Buzz, que encontrou sua verdadeira identidade por meio de um comercial de televisão em *Toy Story*, Woody também se depara com uma situação parecida que lança luz sobre a sua identidade: ele vê um trecho do programa de televisão *O rodeio do Woody*. O boneco caubói não tinha ideia de quem ele era, como aponta o boneco do mineiro (também conhecido como Pete-Fedido): "Ora, você não sabe quem você é, não é mesmo?". Como se vê, Woody faz parte do mundo do programa *O rodeio de Woody* e, de fato, também é um valioso item de colecionador.

Inicialmente relutante em deixar para trás seus amigos brinquedos e Andy, Woody finalmente decide viajar para o museu do brinquedo e, por algum tempo, fica animado e feliz com a oportunidade. Entretanto, essa situação muda quando Buzz, Rex, o Sr. Cabeça de Batata, Slinky e o Porquinho inesperadamente aparecem para resgatá-lo. Buzz tenta convencer o amigo a voltar com ele para a casa de Andy: "Woody, para com essa bobagem e vamos logo... você não é um item de colecionador, você é um brinquedo de criança. Você é um brinquedo!". Woody esqueceu que ensinara para Buzz que "a vida só vale a pena quando a gente é amado por uma criança". Nesse caso, Woody sabe que é um brinquedo, de modo que esse aspecto de sua identidade não é misterioso. Entretanto, ele está lutando com outro aspecto de sua identidade, ou seja, o que é que ele deve fazer como um brinquedo? De modo similar, cada um de nós sabe que é humano, mas o que é que devemos fazer conosco como seres humanos?

"Tenho que dar um jeito na minha vida"

A animação da Pixar *Ratatouille* também aborda questões relativas à identidade, embora não tão abertamente como os filmes *Toy Story*. Remy é um rato que, por acaso, também gosta de cozinhar. Sua identidade está ligada à sua ambição de ser um chef (ver Capítulo 10), mas isso obviamente se torna difícil por ele não ser humano. Sendo um rato, não se espera que Remy esteja interessado em culinária *gourmet* ou em se juntar aos seres humanos, embora ele faça ambos. O ratinho faz amizade com o jovem desastroso Alfredo Linguini, e juntos eles criam um plano para fazer Linguini se passar por um talentoso chef (embora, na realidade, seja Remy quem faz todo o trabalho).

Na narração de abertura, ficamos sabendo que Remy está passando por uma crise de identidade. Saltando pela janela de uma casa enquanto segura o livro *Qualquer um pode cozinhar!*, Remy explica por meio de uma voz em *off*: "Esse aí sou eu. Dá pra notar que eu tenho que dar um jeito em minha vida. Qual é o meu problema? Primeiro, eu sou um rato". Remy continua sua descrição, afirmando que tem "o paladar e olfato altamente apurados", o que o leva a ter uma grande fascinação pela culinária.

Django, pai de Remy, demonstra pouco interesse nas habilidades do filho, valorizando-as somente quando elas ajudam a farejar comida envenenada. Como líder do clã de ratos, Django não confia nas pessoas e adverte seu filho para que ele fique longe delas. Recusando-se a contar ao pai seu desejo de ser cozinheiro, Remy admite: "Agora, eu tinha uma vida secreta". Com o tempo, essa vida secreta acaba resultando em um desastre para a colônia de ratos, quando ele e o irmão, Emile, são descobertos em uma cozinha de humanos e finalmente expulsos sob a mira de uma arma. Mais adiante no filme, quando Remy se reencontra com sua colônia, o pai espera que ele fique definitivamente. "Talvez eu seja um tipo diferente de rato", diz Remy a Django.

Seu pai, então, decide levá-lo para ver o que os seres humanos fazem com ratos, mostrando-lhe ratoeiras com roedores mortos. Naquele momento, Remy fica muito chocado, mas ainda se recusa a acreditar que todos os seres humanos são maus. "Zelamos pelo bem-estar da nossa espécie, Remy", diz o pai. "Não", responde Remy, "Não. Pai, não dá para acreditar. Está me dizendo que o futuro é... só pode ser... essa matança?". Django observa: "É assim que as coisas funcionam. Não dá para mudar a Natureza". Remy, entretanto, ainda não desiste: "A Natureza está sempre em mudança, pai. E essa responsabilidade tem que ser nossa. A começar pelas nossas próprias atitudes". Remy acredita que pode seguir em frente, literal e figurativamente, no que diz respeito à interação com os humanos. Sua identidade será sempre a de um rato, mas as escolhas que ele faz ajudam a formar, refinar e, com sorte, melhorar tanto seu caráter quanto sua identidade.

A identidade e o sentido da vida

A identidade é importante, mas saber quem somos não é suficiente. Dentro do quadro do chamado de Deus, precisamos agir sobre nossa identidade para fazer uma diferença moral significativa, tanto em nossas vidas, quanto nas vidas dos outros. Quando Buzz Lightyear percebe que é um brinquedo, em vez de ser incentivado e estimulado a praticar ações positivas, ele fica deprimido e perde as esperanças. Em *Toy Story 2*, Woody já sabe que sua identidade é a de um brinquedo, mas, durante um tempo, ele age de uma maneira que vai contra seu propósito e sua identidade. Em *Ratatouille*, Remy também tem de lutar com sua identidade e com aqueles que se opõem aos seus desejos de conviver com os humanos. A audácia e o desejo de cozinhar dominam sua identidade natural de rato e Remy espera que, apesar de sua identidade de roedor, ele também seja capaz de "adicionar algo a esse mundo".

Compreender nossa verdadeira identidade é fundamental para viver dentro do chamado de Deus. Obviamente, podemos resistir e decidir seguir nosso próprio caminho em vez de optarmos pelo caminho de Deus. Alguns fazem isso. As lamentáveis consequências podem não aparecer imediatamente, mas tal escolha pode mutilar nossa alma e neutralizar nossa capacidade de fazer uma eterna diferença no reino do Senhor. De que maneira evitamos essa potencial armadilha? Buscando continuamente primeiro ao reino de Deus e à Sua justiça (Mateus 6:33). Todos nós sairemos do caminho às vezes. A boa notícia é que, com a graça de Deus e com a ajuda de Jesus Cristo, sempre podemos retornar para o caminho certo.

A identidade está relacionada com o sentido da vida. Como cristãos, nosso propósito está fundado em Deus e em Sua Natureza. Jesus Cristo é o exemplo que devemos seguir. Não, não seremos exatamente como ele, mas podemos tentar imitar Suas virtudes e nos esforçar para nos tornarmos quem Deus gostaria que fôssemos. Em João 8:14, Jesus oferece um exemplo do poder da identidade no que diz respeito à vida preenchida pelo propósito: "sei de onde vim, e para onde vou", diz Cristo aos líderes hipócritas que o estão interrogando. Seu propósito e Sua identidade eram perfeitamente claros e, como resultado, Seu chamado aconteceu de forma satisfatória. Isso foi verdade, embora o chamado de Cristo não tenha sido nada agradável, mas sim com uma grande parcela de dor e sofrimento. Quando apresenta uma sólida base em Cristo, a identidade nos ajuda a crescer com relação a virtudes tais como amizade, coragem, amor e justiça.

Juntamente com a vida cristã, vem o sentido, o propósito e a verdadeira identidade. Saber quem somos, tanto como indivíduos quanto em Cristo, irá nos ajudar a encarar os desafios. O mundo está cheio de dissimulações – falsos conceitos de identidade que mascaram a realidade e, com isso, obscurecem a verdade. Iremos nos deparar com essas dissimulações tanto internamente, em nossos pensamentos, quando externamente, na maneira como funciona o mundo ao nosso redor. Em tais instâncias, uma identidade cristã sólida é necessária. Apenas assim podemos "levar cativo todo o entendimento à obediência de Cristo" (II Coríntios 10:5).

Questões para discussão

1. De que forma a identidade se relaciona com o conceito de sermos feitos à imagem de Deus?

2. A identidade está relacionada com o chamado, o propósito, o sentido da vida e até mesmo com a formação da virtude. Cite alguns exemplos de como alguns desses conceitos estão relacionados.

3. Conhecer nossa identidade em Cristo pode nos ajudar a fazer uma diferença positiva no mundo. Como e por que isso acontece?

4. Em *Toy Story 1,* Buzz Lightyear tem uma crise de identidade. O mesmo acontece com Woody, em *Toy Story* 2. Quais são as semelhanças nas lutas com a identidade dos personagens da animação? E as diferenças? De que forma as questões de identidade apresentadas pelos dois personagens são resolvidas?

5. De que maneira o conhecimento de nossa identidade e de nosso propósito nos ajuda a crescer com relação à virtude e ao caráter?

4

Justiça

Vida de Inseto

"Pelo formigueiro e por todas as formigas oprimidas do mundo!"

AÇÃO!

Vida de Inseto

Data de lançamento nos Estados Unidos: 25 de novembro de 1998.

Para captar as maravilhas naturais a partir da perspectiva das formigas, a equipe da Pixar criou o que eles chamaram de *bug-cam* (câmera-inseto, em tradução livre). O dispositivo em miniatura tinha uma câmera acoplada que filmaria do ponto de vista de uma formiga, ou seja, como seria para formigas rastejar pelo chão e olhar para flores, folhas, árvores e outros objetos. John Lasseter, diretor do filme, descreveu as sequências da *bug-cam* como: "A única coisa que se notava a esse nível era como tudo era transparente. Olhar para a haste de um trevo como se ela fosse uma árvore gigante e ver as enormes folhas de trevo como se fossem gigantes janelas de vidro colorido – tudo isso era impressionante. Os insetos têm uma bela visão lá em baixo... foi de tirar o fôlego"[1]. Como vemos, não são apenas "os céus" que "proclamam a glória de Deus" (Salmos 19:1 NVI), mas também o pequeno mundo natural pelo qual andamos todos os dias.

Flik tem boas intenções. Ele quer ajudar o formigueiro onde vive a superar uma situação extremamente difícil – e que ele mesmo causou, embora acidentalmente. Todos os anos, a colônia de formigas trabalha tempestuosamente para cumprir um prazo em que devem coletar grandes quantidades de comida para um bando de gafanhotos, liderado pelo malvado Hopper. Mas, desta vez, Flik comete um erro, e uma invenção criada para ajudar a acelerar o

[1]PAIK, Karen. *To Infinity and Beyond! The Story of Pixar Animation Studios*. San Francisco: Chronicle Books, 2007. p. 124.

processo de recolha de alimentos acaba derrubando tudo em uma poça d'água. Os gafanhotos não ficam satisfeitos e Hopper exige o dobro de quantidade de comida quando voltar, "no final da estação, ao cair da última folha". A colônia culpa Flik e o leva perante um conselho para uma punição. Quando a formiga compartilha com o conselho sua ideia de sair do formigueiro para obter ajuda de insetos maiores e mais fortes, para sua surpresa, o conselho aprova – principalmente porque eles estão contentes em se livrar dele.

Determinado a ajudar sua colônia, Flik inicia sua viagem em busca de ajuda. Usando um chapéu e carregando um saco de dormir em suas costas, ambos feitos de folhas verdes, ele parte da colônia em meio a aplausos – não por sua bravura, mas porque a colônia está feliz em vê-lo partir. Algumas formigas crianças o seguem, mas duas delas não são muito solidárias. Uma afirma que seu pai acha que não demorará nem uma hora para que Flik esteja de volta ao formigueiro, enquanto a outra comenta que seu pai acha que Flik morrerá antes. Apenas a jovem princesa Dot o incentiva.

Quando a formiga chega à beira de um enorme cânion, sua missão é momentaneamente interrompida. Como será possível atravessar esse cânion? Pensando rapidamente, o personagem sobe em um dente-de-leão. Conforme arranca um pedaço da planta, ele diz: "Vamos lá. Pelo formigueiro e por todas as formigas oprimidas do mundo!". Flik flutua ao longo do desfiladeiro por mais da metade do caminho antes de uma brisa atirá-lo contra uma rocha. Felizmente, o acidente não é fatal e Flik continua sua jornada, ansioso para livrar sua colônia da opressão dos gafanhotos. As formigas devem ser libertadas e a injustiça, corrigida.

A fonte da justiça

Nos cinemas, a justiça não está reservada apenas aos dramas de tribunal. Mesmo animações de computador como *Vida de Inseto* podem tocar nesse assunto – e de uma maneira única. A História está repleta de referências à justiça, sejam elas nas páginas dedicadas à Filosofia, nos escritos políticos, na literatura clássica ou em outras fontes. Nos dias atuais, o clamor pela justiça permanece, embora as bases de sua realidade sejam frequentemente nebulosas.

O que é a justiça? Podemos reconhecê-la quando a vemos, mas geralmente vemos primeiro a injustiça que precisa ser corrigida. Em termos gerais, a justiça está relacionada à imparcialidade e à equidade. Se se diz que alguém é "imparcial e sensato", essa pessoa também pode ser chamada de "justa". A justiça abrange todo o espectro da moralidade humana, o que significa que não se aplica apenas ao que consideramos grandes questões, como, por exemplo, uma tentativa de assassinato, mas também ao que poderíamos considerar questões menores, como, por exemplo, a justiça em seguir as regras durante um jogo de futebol. A justiça também entra em jogo no que diz respeito à ética social, em questões como a pobreza, a fome e a escravidão.

O conceito de justiça aponta para um fundamento moral de certo e errado, mas qual é sua fonte? A perspectiva cristã entende a justiça como uma virtude cardeal. Porque somos humanos e feitos à imagem de Deus, parte do tecido do nosso ser é a moralidade – e isso inclui a justiça. Como toda virtude verdadeira, a justiça flui de Deus e de Sua Natureza. Em suma, Deus é a fonte de tudo o que é virtuoso. A *Bíblia* faz referência inúmeras vezes à justiça. No *Novo Testamento*, por exemplo, a Regra de Ouro, como recomendou Cristo, tem a justiça como a sua base: "Portanto, tudo o que vós quereis que os homens vos façam, fazei-lho também vós, porque esta é a lei e os profetas" (Mateus 7:12). Uma tradução alternativa traz os conceitos de justiça e de equidade relacionados à passagem anterior da seguinte maneira: "Em tudo, portanto, trata as pessoas da mesma maneira que quer que elas te tratem, pois esta é a Lei e os Profetas" (NASB[2]). A frase de

---

[2]*New American Standard Bible*: Tradução de 1963 da *Bíblia* para o inglês. Em virtude de ter sido baseada nos textos em hebraico, aramaico e grego, essa versão é conhecida como a mais literal de todas as traduções bíblicas feitas no século XX.

encerramento da passagem é às vezes traduzida como "para isto se resume a Lei e os Profetas" (NVI[3]). Essa frase ressalta o fato de a justiça ser um objetivo fundamental do *Antigo Testamento*, que contém "a Lei e os Profetas", bem como no *Novo Testamento*.

Isso levanta outro ponto interessante com relação à visão bíblica da justiça: há uma diferença entre justiça divina e justiça humana. A justiça divina é perfeita, pois Deus não comete erros. A justiça humana, por sua vez, é imperfeita. Todavia, isso não significa que devemos abandonar nossos esforços falhos na busca pela justiça, mas sim que devemos estar conscientes de que a meta ideal de justiça perfeita está além de nossas capacidades. A justiça está vinculada à santidade de Deus e, biblicamente, é muitas vezes ligada à integridade e à retidão.

Justiça e juízo também têm uma conexão, permitindo-nos compreender melhor a doutrina teológica da expiação. No que diz respeito ao pecado do homem, que essencialmente rompeu nosso relacionamento com Deus, a justiça divina só pode ser restaurada por meio da morte de Cristo. Enquanto várias teorias de expiação tentam explicar exatamente como Deus programou a justiça divina a fim de trazer a restauração, todas elas reconhecem que a chave para essa restauração é a morte de Cristo.

A justiça segundo a Pixar

Embora o tema da justiça possa facilmente levar a profundas discussões filosóficas e teológicas, todo mundo pode se relacionar, em algum nível, com a justiça. Deus colocou em cada um de nós um senso de moralidade que inclui uma compreensão de justiça e de

---

[3]*Nova Versão Internacional*: Tradução de 2001 da *Bíblia*. De origem evangélica, a NVI tem um perfil protestante e procura utilizar uma linguagem mais atual. Como a NASB, a NVI também foi baseada nos textos originais em hebraico, aramaico e grego.

injustiça. Essa é a razão pela qual as expressões de justiça são encontradas em toda a cultura popular e pela qual o tema é de interesse permanente para os contadores de histórias, incluindo os cineastas. É nosso senso de justiça que nos faz aplaudir o herói – seja no cinema ou em um livro – quando ele supera as injustiças. Nos filmes da Pixar, frequentemente ocorrem expressões de justiça e de equidade.

Em *Toy Story 1*, o fato de o menino Sid torturar brinquedos é visto por outros brinquedos como errado e, em última instância, injusto. O centro moral da justiça que tende a corrigir o que está errado também é expresso em *Procurando Nemo*, conforme Nemo busca evitar a injustiça de ter sido dado de presente, o que o separaria para sempre de sua família. Entretanto, dois filmes da Pixar em particular são de especial interesse no que diz respeito à temática da justiça: *Vida de Inseto* e *Os Incríveis*.

"A justiça é minha espada"

Quando, em *Vida de Inseto*, Chucrute, a lagarta, imita o Pequeno João (personagem de *Robin Hood*), ela ameaça um grupo de moscas valentonas com as palavras "A justiça é minha espada e é também minha armadura!". A cena causa risos, mas, por trás das palavras de Chucrute, está o tratamento que a justiça terá ao longo do filme por meio da condição das formigas diante dos gafanhotos. Inspirada por uma distorção da fábula de Esopo sobre a formiga e a cigarra, a Pixar criou um mundo onde os gafanhotos são representados como uma gangue de bandidos que tem como objetivo obrigar uma colônia de formigas a conseguir alimentos para eles. Ao fazer isso, o estúdio trouxe à vida um mundo vibrante e colorido habitado por todos os tipos de criaturas, incluindo P.T. Pulga, que dirige um circo, Dim, um tímido besouro azul, Rosie, uma viúva-negra, Francis, a joaninha, Deita e Rola, os tatuzinhos-de-jardim e, é claro, uma colônia de formigas intimidadas por Hopper e sua gangue de gafanhotos.

Em um plano, *Vida de Inseto* é um filme familiar agradável sobre acreditar em si mesmo e fazer a coisa certa. No entanto, em outro, ele aborda questões de justiça contando uma história repleta de perseguições, injustiças e opressões que beiram a escravidão. Isso soa um tanto quanto melodramático? Pode ser, considerando que se trata apenas de um filme sobre um monte de insetos. Todavia, o ponto mais profundo é que o vício da injustiça demanda a virtude da justiça. E, assim, um herói nasce em Flik, um desastrado membro do formigueiro e aspirante a inventor que sai em busca de insetos guerreiros para defender sua colônia contra os gafanhotos opressores.

Flik é contra o tirano Hopper, um gafanhoto com um intento que, sob o pretexto de garantir a "segurança" das formigas, está, na realidade, forçando-as a arrumar-lhe alimento. "Parece que as formigas estão começando a esquecer quem manda nessa parada", ele diz no início do filme. "Então, vou ter que dobrar a quantidade este ano."

Mas Hopper não é tolo. Ele sabe que basta uma pessoa (ou, neste caso, uma formiga) para acender o fogo da revolução contra a opressão e a injustiça. Assim, quando um grupo de gafanhotos sugere que eles esqueçam a ideia de voltar ao formigueiro, Hopper os lembra de uma formiga, Flik, que o enfrentou. "É, mas deixa pra lá...", diz um dos gafanhotos, enquanto outro acrescenta: "É, foi só uma formiguinha!". Hopper então mostra ao gafanhoto um grão: "Sei, vamos fingir que este grão é uma formiga bem pequena e insignificante", diz, enquanto começa a atirar grãos em alguns gafanhotos, perguntando se dói. "Claro que não, é apenas um grão", responde. "E que tal agora?", pergunta Hopper, enquanto retira a rolha de uma grande garrafa de grãos. Nesse momento, centenas de grãos caem, enterrando os três gafanhotos que sugeriram não retornar ao formigueiro. "Deixem uma formiga nos desafiar e aí todas vão começar a criar problemas!", exclama Hopper, subindo na pilha de grãos. "Essas lindas, pequenas formigas estão em maior número que nós. Se elas começarem a se tocar, acabou a nossa moleza! Não é por causa do rango, é para manter as formigas na linha! E é por isso que vamos voltar!".

Mais tarde, quando os gafanhotos já retornaram para o formigueiro, as preocupações de Hopper com o fato de "uma formiga" enfrentá-los se tornam realidade. Apesar de ter sido espancado e ameaçado, Flik tem a coragem de enfrentar Hopper. "Sou eu quem você quer!", diz a formiga. Hopper começa a humilhar Flik, chamando-o de verme, ou pior do que isso: "Você é uma formiga! Que isso sirva de lição para todas vocês formigas. Ideias são coisas muito perigosas. Vocês são furadoras de terra desmioladas, colocadas neste mundo para nos servir!".

O enfraquecido Flik discorda. "Você está errado, Hopper. Formigas não foram feitas para servir a vocês, Hopper. Vi essas formigas fazerem coisas incríveis. Todos os anos, essas formigas conseguem pegar comida para elas e para os gafanhotos... Formigas não servem a vocês! São vocês quem precisam de nós! Somos muito mais fortes do que dizem que somos... e você sabe, não sabe?". Não mais dispostos a aceitar a injustiça dos gafanhotos, e estimulados pelo discurso de Flik, o formigueiro e os insetos do circo estão furiosos e prontos para resolver o que está errado. "Vocês aí, para trás!", adverte Hopper. Mas é tarde demais. A revolução das formigas já começou, e, com ela, a queda do tirano Hopper e de sua opressiva gangue de gafanhotos. A injustiça é finalmente corrigida e as formigas são libertadas.

Justiça incrível

Não são apenas as formigas que buscam por justiça. Em *Os Incríveis*, a virtude que motiva os super-heróis também é a justiça. Os *Super*, como são chamados, fazem o que esperamos dos super-heróis presentes em quadrinhos e filmes: combater o crime, capturar criminosos, arrumar o que está errado, proteger o povo, enfrentar os super-vilões e, nesse processo, salvar o mundo. Sem uma base moral, os heróis não existiriam, seja na tela ou no mundo real.

Todavia, um fundamento moral de fato existe, o que resulta em uma justiça incrível. Mesmo depois dos "dias de glória" de combate à criminalidade, Roberto Pera, conhecido como Sr. Incrível, ainda luta, à sua maneira, contra a injustiça. Forçado a viver na clandestinidade e a esconder sua identidade de super-herói, Roberto agora trabalha para uma companhia de seguros que faz tudo o que está ao seu alcance para negar as reivindicações. Roberto é destemido e, clandestinamente, oferece aconselhamento e orientação aos clientes para ajudá-los a lidar com a burocracia. Este é um exemplo de um tipo de justiça cotidiana, na qual Roberto faz sua parte para ajudar os outros e corrigir a injustiça.

Durante uma reunião com seu chefe, chamado de Sr. Lima, Roberto olha pela janela e presencia um assalto em um beco. Seu impulso moral imediato é intervir e oferecer ajuda, impedindo a injustiça que está acontecendo bem diante de seus olhos: "O homem lá fora precisa de ajuda", diz o super-herói. No entanto, o Sr. Lima não tem interesse em assaltos, pois esses acontecimentos não são cobertos por sua companhia de seguros. Roberto fica chateado e sua raiva contra a injustiça que está ocorrendo aumenta. "Ele fugiu", murmura, enquanto vê o assaltante correr. Infelizmente, o desejo de justiça de Roberto e sua ira tiram seu melhor. Ele então desconta sua raiva empurrando o Sr. Lima e arremessando-o contra várias paredes.

Em uma escala maior, o que temos são os esforços heroicos do Sr. Incrível, que procura de forma ativa a justiça, apesar dos riscos. Quando descobre que seu inimigo, Síndrome, vem tentando sistematicamente assassinar todos os *Super* e conspira atacar a cidade, o objetivo do Sr. Incrível fica claro: detê-lo. O que Síndrome está fazendo é moralmente errado e, portanto, injusto. O Sr. Incrível não para e diz: "Agora vou expressar a virtude da justiça e acabar com as injustiças do Síndrome", mas essa é claramente sua motivação moral subjacente.

Procurai o que é justo

Em Isaías 1:16-17, lemos: "Lavai-vos, purificai-vos, tirai a maldade de vossos atos de diante dos meus olhos; cessai de fazer mal. Aprendei a fazer bem; procurai o que é justo; ajudai o oprimido;

fazei justiça ao órfão; tratai da causa das viúvas". Procurar o que é justo é nosso objetivo. Cristo disse que "o mais importante da lei" é "o juízo, a misericórdia e a fé" (Mateus 23:23). Deus nos pede a justiça, o amor e a humildade (Miquéias 6:8), e não a injustiça, a crueldade e o orgulho.

Além disso, a busca pela justiça pode resultar em perseguição e em sofrimento. Devemos buscar a justiça não porque seja sempre fácil – geralmente é difícil –, mas porque é o correto. Procurar a Justiça exige a virtude da coragem e significa tomar uma ação moral real e significativa em um mundo conturbado. Uma versão parafraseada da Regra de Ouro coloca isso muito bem: "Aqui está um guia simples e valioso para o comportamento: pergunte a si mesmo o que você quer que as pessoas façam por você; em seguida, tome a iniciativa e faça isso pelos outros. Junte a lei de Deus e dos Profetas e isso é o que obterá.". (Mateus 7:12 – A Mensagem). Em outras palavras, a procura pela justiça deve nos mover à ação, isso é, a ativamente fazer uma diferença moral positiva. A injustiça deve nos incomodar, assim como incomoda Flik a ponto de ele fazer algo com relação à opressão de Hopper e sua gangue de gafanhotos.

Contudo, quando procuramos a justiça, não devemos agir injustamente, como fez o Sr. Incrível quando atirou o Sr. Lima através de algumas paredes. Sim, a fuga de assaltantes e a injustiça nunca são coisas positivas, mas isso não nos dá o direito de nos comportarmos injustamente em nossa busca por justiça. A cena do assalto em *Os Incríveis* ilustra outro importante princípio, qual seja: quando não fazemos nada para impedir a injustiça, ela se espalha e se torna mais comum e facilmente aceita. Aqueles que defendem a justiça também devem lutar contra a injustiça.

No fundo – e às vezes nem tão no fundo – conhecemos a justiça (até mesmo as crianças a conhecem). Sempre que uma criança num parque grita: "Isso não é justo!", essa é uma expressão de justiça moralmente inevitável. Para o cristão, buscar a justiça não é uma opção, mas, pelo contrário, uma virtude fundamental. Escrever sobre a justiça é mais simples do que vivê-la. No papel, ela parece muito fácil. Quando a situação requer, escolhemos fazer o que é justo e correto. A justiça nas telas também parece fácil demais, especialmente quando a situação envolve personagens gerados por computador, como Flik. Na realidade, entretanto, ela é bem mais complexa. Vivemos em um mundo cruel, onde a virtude é muitas vezes pisoteada. Esse fato, contudo, não deve nos desanimar, mas sim nos incentivar a agir. As necessidades na área da justiça social, por exemplo, devem conduzir-nos a uma interação moral verdadeira e significativa com nossa comunidade e até mesmo com o mundo. Sozinhos nós não podemos consertar todos os erros, mas isso não deve nos impedir de fazer uma diferença positiva, mesmo que em pequena escala, quando e onde pudermos.

Questões para discussão

1. Quais ideias vêm a sua mente quando pensa no termo "justiça"? Pensando na vida cotidiana, onde você vê a justiça e a injustiça? Há algo que você possa fazer com relação a isso?

2. De que forma a justiça é uma virtude? Por que a injustiça é entendida como algo errado?

3. Embora *Vida de Inseto* seja a respeito de formigas maltratadas por gafanhotos, o filme também trata de tópicos como justiça, injustiça e opressão. De quais exemplos históricos e contemporâneos de formas similares de injustiça você consegue se lembrar? O que grupos e indivíduos estão fazendo a respeito dessas injustiças? O que você pode fazer?

4. Não somos super-heróis, então provavelmente não teremos de enfrentar vilões como Síndrome. Entretanto, o que você pode fazer em sua vida cotidiana para fazer a diferença a favor da justiça?

5

Amizade

Toy Story 2

"Amigo, estou aqui."

AÇÃO!

Toy Story 2

Data de lançamento nos Estados Unidos: 24 de novembro de 1999.

Originalmente concebida como uma sequência direta para vídeo, a animação *Toy Story 2* foi produzida em conjunto com *Vida de Inseto*, mas com uma equipe menor, a um custo mais baixo e em passo um pouco mais acelerado. O projeto foi considerado viável, mas não excepcional. Por conta disso, a equipe da Pixar tomou a decisão radical de repensá-lo quando já estava em andamento, comunicando aos estúdios da Disney que a animação precisava de um novo processo de produção. Além disso, a Pixar também pediu que *Toy Story 2* fosse lançado como longa-metragem. Com um período de aproximadamente nove meses antes da data limite de finalização do filme, o compromisso da Pixar com a qualidade acabou vencendo e, no final, *Toy Story 2* acabou sendo um excelente filme.

Um tímido pinguim entra em cena, chiando a cada salto. Woody, o boneco caubói, pergunta como ele está e Wheezy responde: “Me sinto muito bem. Falando nisso, acho que sinto uma canção chegando!”. Uma grande banda, inspirada na atmosfera de Las Vegas, começa a tocar *Amigo, estou aqui* (*You’ve Got a Friend in Me*, no original em inglês), enquanto Wheezy canta. Embora a canção de Randy Newman seja a chave do primeiro filme, seu papel em *Toy Stoy 2* é ainda mais forte ao comunicar uma mensagem de amizade – virtude fundamental tanto nos filmes da Pixar quanto na ética.

Apesar de uma ousada tentativa de resgate por seus amigos, Woody, que foi tomado pelo aficionado por brinquedos Al, opta por ficar para trás, a fim de fazer parte de uma coleção de brinquedos em um museu japonês. Em *Toy Story*, a canção *Amigo, estou aqui* serviu para estabelecer a amizade entre Woody e seu dono, Andy, e, posteriormente, para ressaltar a amizade do boneco caubói com o patrulheiro espacial Buzz Lightyear.

Em *Toy Story 2*, a música também tem um papel duplo, destacando a amizade entre os brinquedos e Woody e lembrando-o de sua amizade com Andy. Quando Buzz e os outros brinquedos deixam Woody, o boneco caubói assiste a uma cena de *O Rodeio do Woody* em que é apresentada uma versão acústica de *Amigo, estou aqui*, tocada pelo boneco Woody protagonista da série. "Não esqueçam, crianças, é muito importante valorizar os amigos", diz o boneco no programa. Enquanto ouve a música, Woody limpa a sola de sua bota, revelando a palavra "ANDY" (com um N invertido). Isso o faz lembrar de sua amizade com Andy e de sua identidade e propósito como um brinquedo. Sua mudança de decisão é imediata, e ele então decide voltar para Andy. A amizade é mais importante que ficar atrás do vidro em um museu de brinquedos.

Nossa amizade nunca morrerá

Em certo nível, todos entendemos o significado da amizade, mas, em outro, uma boa definição nos escapa. A amizade é uma virtude? Idealmente, deve ser, mas, como tantas outras virtudes, a amizade é, muitas vezes, fugaz, superficial e até distorcida em formas não tão virtuosas. Vivemos em um mundo de redes sociais on-line, nas quais podemos instantaneamente nos tornar "amigos" de alguém (ver Capítulo 11). Neste mundo, há vários graus de amizade. Todavia, apesar da definição imprecisa, não há dúvidas de que muito da felicidade que experimentamos em nossa vida se deve à amizade.

Entretanto, o que é amizade? Ela é valorizada, procurada, apreciada e cultivada, por vezes, ao longo de uma vida. Quando sabemos que fizemos um amigo, em algum nível, experimentamos a alegria. As relações profundas e significativas exigem amizade. Às vezes, essas relações juntam os opostos simplesmente pelos opostos compartilharem uma mesma alegria. Em *Up – Altas Aventuras*, o jovem e tímido Carl Fredricksen, que irá crescer e se tornar um velho rabugento, tem uma paixão por aventura e por seu herói, Charles Muntz (ver Capítulo 9 para uma discussão sobre o tema *aventura*). Carl se depara com o clube de Ellie, uma tagarela extrovertida que compartilha o amor de Carl por aventura e pelo explorador Muntz. Duas pessoas bastante diferentes, Carl e Ellie são, assim, reunidos, já que partilham as alegrias de algo que tanto amam. A amizade se torna mais profunda, transforma-se em amor romântico e, em seguida, em um amor mais maduro. No entanto, o caminho começa com uma amizade.

Amizade e amor

Em termos bíblicos, a amizade tem seu fundamento no amor. No *Novo Testamento*, a palavra usada frequentemente para a amizade é *philia*, enquanto o termo para irmandade (outra forma de amizade) é *koinonia*. Em certo sentido, a amizade bíblica não é diferente das outras formas de amizade. Os amigos passam tempo juntos, partilham alegrias comuns, falam uns com os outros sobre o que é importante e oferecem apoio e conselhos.

A principal diferença da amizade cristã é que Deus é sua base, como o é tantas vezes para outras virtudes. Enquanto algumas formas de crença veem um imenso abismo entre Deus e os seres humanos, de modo a não permitir qualquer tipo de amizade entre eles, o Cristianismo reconhece um nível de amizade entre o homem e Deus. Todavia, ser amigo de Deus não é o mesmo que ser amigo de outros seres humanos, pois a amizade com Deus depende de nossa obediência.

Além disso, Jesus Cristo compara a amizade ao sacrifício, quando diz: "Ninguém tem maior amor do que este, de dar alguém a sua vida pelos seus amigos." (João 15:13). O exemplo supremo do sacrifício de Cristo morrendo na cruz é um exemplo de amizade divina baseada no amor de Deus por nós. Embora nos filmes da

Pixar não haja tais ideias teológicas sobre a amizade divina, eles de fato incluem vários exemplos significativos de amizade.

A amizade segundo a Pixar

Em *WALL-E*, um robô de compactação de lixo é amigo de uma barata indestrutível. Em *Ratatouille*, um rato é amigo de um ser humano. Em *Up – Altas Aventuras*, um idoso desiludido aprende a ser amigo de um garoto inquieto. A Pixar, portanto, retrata amizades inesperadas. Talvez este seja apenas um método de contar histórias que torne os filmes mais interessantes, mas talvez esse método seja mais do que isso. Será que temos uma tendência a buscar e a cultivar apenas os tipos de amizades que parecem confortáveis e esperados, em vez de procurarmos aqueles que poderiam nos deixar desconfortáveis e que são inesperados?

Nos quatro evangelhos do *Novo Testamento*, qual o exemplo que Cristo nos deixou no que diz respeito à amizade? Ele fez o que era esperado, confortável e simples, ou saiu do padrão esperado de amizade? Mesmo uma leitura superficial dos Evangelhos revela as amizades ecléticas de Cristo. Homens, mulheres, crianças, criminosos, pescadores, cobradores de impostos, prostitutas, samaritanos, fariseus, "pecadores": Cristo torna-se amigo de todos, chegando a eles com o amor de Deus.

As amizades de Cristo foram inesperadas, pelo menos do ponto de vista do mundo. E assim também o são algumas das amizades encontradas nos filmes da Pixar. Em *Carros*, o carro de corrida Relâmpago McQueen literalmente vive a vida na pista expressa. Seu objetivo é apenas ganhar corridas, não cultivar amizades. Ele rapidamente percebe isso quando seu agente lhe oferece vinte bilhetes gratuitos para uma corrida para que distribua aos seus amigos. McQueen faz uma pausa, incapaz de pensar em alguém. É somente por meio de uma série de contratempos que McQueen acaba em Radiator Springs, uma cidade esquecida fora da Rota 66. As aventuras que encontra lá o levam a uma inesperada amizade com um Mate, um caminhão de reboque enferrujado e em ruínas que finalmente se torna seu melhor amigo. A "estranha união" de McQueen e Mate os leva à amizade – algo que faltava a McQueen, apesar de seu grande sucesso nas pistas.

Monstros e amigos

James P. Sullivan (Sulley) e Mike Wazowski são amigos e trabalham todos os dias em uma fábrica. Além disso, eles são monstros. Sulley é uma criatura enorme, peluda e azul, com chifres na cabeça, enquanto Mike é uma pequena bola verde, um olho de energia. Em *Monstros S.A.*, o trabalho dos dois é assustar as crianças a fim de capturar a força dos gritos.

Com Sulley e Mike, a Pixar mais uma vez consegue criar personagens estranhos e colocá-los em situações em que todos podem se identificar e, assim, criar uma história convincente e emocionalmente forte. Ao longo do filme, descobrimos algumas informações sobre os dois monstros. Ficamos sabendo que eles são colegas e companheiros de quarto, que estudaram juntos pelo menos desde a quarta série e que ambos querem quebrar o recorde de sustos de todos os tempos na fábrica em que trabalham, a Monstros S.A.

Como em qualquer amizade significativa, Sulley e Mike nem sempre se dão bem. Em *Monstros S.A.*, o atrito surge quando eles encontram uma criança humana – uma menina apelidada de Boo. No mundo de Sulley e Mike, a crianças humanas são consideradas tóxicas e, por esse motivo, todos os monstros têm medo delas. Incertos sobre o que fazer com Boo, Sulley e Mike clandestinamente a levam de volta para sua casa, onde Sulley começa a entender que as crianças não são tão tóxicas. Em um momento-chave no filme, Sulley e Mike são banidos para o Himalaia, no meio de uma nevasca. É aí que a amizade existente entre eles se depara com um verdadeiro teste. A única preocupação de Sulley é ajudar Boo a regressar com segurança para seu mundo. Mike, entretanto, está nervoso por ter sido banido. Então, outro monstro banido, o abominável homem das neves, os encontra, mas a tensão entre Sulley e Mike continua, apesar de o engraçado e abominável boneco de neve reconhecer que os dois são grandes amigos.

Mike não cede. Ele está furioso por ter sido banido e nem um pouco interessado em ajudar Boo – ele apenas lamenta estar tão perto de quebrar o recorde de sustos antes de ser desviado por Sulley. "Nada disso importa agora", diz Sulley. Mike fica chocado e magoado. "E quanto a mim?", pergunta Mike. "Eu sou seu amigo, eu sou seu melhor amigo – eu não importo nada?". Embora Sulley se desculpe, ele volta ao tema sobre ajudar Boo. Mike se recusa a partir com Sulley, que está ansioso para encontrar o caminho para uma aldeia, a fim de voltar para Monstros S.A. através de um armário no quarto de uma criança. "Você está sozinho", diz Mike, literal e figurativamente virando as costas para seu melhor amigo. Sulley parte, com a intenção de chegar à aldeia usando um trenó para acelerar sua viagem.

A reconciliação entre Mike e Sulley acontece mais tarde, embora em circunstâncias confusas. Sulley conseguiu resgatar Boo de uma máquina abominável chamada de "extrator de gritos", mas agora está sendo perseguido pelo malvado Randall, um monstro lagarto roxo que é capaz de desaparecer se camuflando no ambiente ao redor. Quando o invisível Randall está atacando Sulley, Mike aparece repentinamente e atira uma bola de neve no malfeitor. O monstro então começa a pedir desculpas a Sulley. "Você e eu somos uma equipe", ele diz, "Nada é mais importante que a nossa amizade... Me desculpe não estar lá para te ajudar, mas estou aqui, agora". Nesse momento, a amizade perdida é restaurada.

Amizade e afeição moral

O que dois monstros podem nos ensinar sobre amizade? Para começar, aprendemos que a verdadeira amizade é algo realmente virtuoso e que contém uma dose de afeição moral. Da mesma forma que a ética cristã está enraizada no amor de Deus, assim também o está a amizade. Aprendemos também que os amigos não precisam ser iguais, mas que podem, de fato, ser diferentes, cada um contribuindo com a amizade com suas características únicas, para o melhor ou para o pior. Amigos também compartilham interesses comuns, que podem estar ligados ao trabalho, aos hobbies ou a outros aspectos de suas vidas. A amizade traz muitas alegrias e essas alegrias são maiores quando compartilhadas do que quando vividas sozinhas.

Sulley e Mike também demonstram a realidade do atrito que existe nas amizades. A verdade é que vivemos em um mundo corrompido, composto por criaturas corrompidas. Por causa da realidade da corrupção humana, o atrito é inevitável, mesmo entre amigos. Entretanto, a realidade das tensões nas amizades não deve nos impedir de procurar amizades. Pelo contrário, a superação dos desafios que vivemos em nossas amizades nos ajuda a crescer moralmente e, assim, a nos tornar pessoas melhores.

A reconciliação é igualmente importante na amizade, pois nos obriga a participar ativamente e a compreender a restauração. O que está envolvido na reconciliação? É preciso que haja arrependimento – para começar, um sincero afastamento de tudo o que causou tensão e separação. O arrependimento também requer humildade – o oposto do orgulho. Em suma, na amizade, as tensões que exigem reconciliação nos ajudam a crescer virtuosamente como indivíduos.

E quanto à reconciliação entre Deus e nós? Em Romanos 5:10-11, lemos: "Porque se nós, sendo inimigos, fomos reconciliados com Deus pela morte de seu Filho, muito mais, tendo sido já reconciliados, seremos salvos pela sua vida. E não somente isto, mas também nos gloriamos em Deus por nosso Senhor Jesus Cristo, pelo qual agora alcançamos a reconciliação". Além disso, a reconciliação cristã também está ligada à santidade: "A vós também, que noutro tempo éreis estranhos, e inimigos no entendimento pelas vossas obras más, [Cristo] agora contudo vos reconciliou. No corpo da sua carne, pela morte, para perante ele vos apresentar santos, e irrepreensíveis, e inculpáveis." (Colossenses 1:21-22).

A música de encerramento de créditos de *Monstros S.A.*, *If I Didn't Have You* (*Se não fosse você*, na versão em português), de Randy Newman, reitera o valor da amizade, especialmente com repetidas palavras que ressaltam a necessidade de amizades expressivas. O que teríamos se não houvesse harmonia entre Deus e nós? Somos "amigos" de Deus? Em João 15:14-15, Jesus diz: "Vós sereis meus amigos, se fizerdes o que eu vos mando. Já vos não chamarei servos, porque o servo não sabe o que faz o seu senhor; mas tenho-vos chamado amigos, porque tudo quanto ouvi de meu Pai vos tenho feito conhecer". Obviamente, a amizade com Deus não é, como vimos, idêntica à amizade entre humanos. Deus é perfeitamente santo, ao passo que nós não o somos. Deus é completo em si mesmo, enquanto nós somos dependentes Dele e, por isso, devemos ter uma boa dose de reverência para com o nosso Criador. No versículo 17, Jesus continua e diz: "Isto vos mando: que vos ameis uns aos outros". O objetivo de seu mandamento, então, não é qualquer tipo de controle dominador sobre nós, mas um desejo de nos ver amando uns aos outros verdadeiramente. Todavia, em primeiro lugar, devemos amar a Deus (Mateus 22:36-39).

O palhaço e o anjo

Em *Procurando Nemo*, a relação entre Marlin e Dory é outro exemplo de amizade incomum que a Pixar nos oferece. Marlin é um peixe-palhaço nervoso e superprotetor que está à procura de seu filho, Nemo, ao passo que Dory é uma aventureira e brincalhona peixe-anjo azul com problemas de memória. Enquanto procura pelo filho, Marlin esbarra em Dory. Inicialmente, os dois se tornam companheiros de viagem por conveniência: Dory diz que viu um barco e, depois, que é capaz de ajudar a decifrar o nome e o endereço escritos na máscara de mergulho que Marlin acredita levar a Nemo. Após o primeiro encontro, Marlin fica confuso, notando um estranho comportamento em Dory. "O que há de errado com você", ele diz, "você está desperdiçando meu tempo", acrescenta.

Após se encontrar com alguns tubarões e decifrar o que está escrito na máscara de mergulho, Marlin agora quer se livrar de Dory, que às vezes é um incômodo. O peixe-palhaço tem as informações de que precisa e, em sua avaliação, Dory é um "atraso". A peixe-anjo fica triste, porém não desanima e juntos eles seguem em frente, procurando Nemo.

A amizade entre Dory e Marlin é bastante interessante. Ao ter de enfrentar o comportamento infantil da peixe-anjo, Marlin, de certa forma, também tem de aprender a ser um pai melhor. Seu encontro com um grupo de tartarugas marinhas, assim como todas as outras aventuras em sua jornada para encontrar Nemo, também o ajuda a seguir em frente. Como afirmou Andrew Stanton, diretor de *Procurando Nemo*, o filme é essencialmente sobre o poder da fé como forma de superar o medo. Dory ajuda Marlin nessa jornada, não intencionalmente, mas apenas por ser quem ela é – despreocupada e aventureira.

Quando Marlin pensa que Nemo está morto, fica compreensivelmente triste. Ele a agradece pela ajuda e, em seguida, começa a partir. Dory não entende porque ele iria embora. "Pare!", pede ela. "Por favor, não vá embora. Por favor. Ninguém nunca ficou comigo por muito tempo antes... Eu olho para você e me sinto em casa". Mesmo com todos os seus defeitos, Dory reconhece o valor de um verdadeiro amigo. No final, Marlin não é apenas um pai melhor, mas também um amigo melhor.

A teologia da amizade

A maioria de nós provavelmente não pensa muito sobre a teologia da amizade, mas fazer isso nos renderia alguns resultados benéficos. Por exemplo, o desejo natural por amizades oferece muitos conhecimentos sobre a natureza humana. Por que queremos e procuramos amizade? Um dos motivos é que desejamos encontrar algo neste mundo que ofereça satisfação e alegria a nossas vidas. Podemos buscar essa realização no materialismo, no acúmulo de bens, em passatempos, em entretenimentos e em outras atividades. Em alguns casos, procuramos isso por meio da amizade – o que não diminui o valor inerente de amizade, mas indica que alguma coisa está faltando. Nesse sentido, a amizade nos aponta para Deus.

A teologia cristã também oferece um exemplo de amizade, bem como uma base para o amor. Dentro da natureza da Santíssima Trindade, Pai, Filho e Espírito Santo estão envolvidos em uma dinâmica de interação – um Deus revelado em três pessoas, unidas e completas. Em I João 4:8, lemos que "Deus é amor", mas Elred de Rievaulx (1109-1166) parafraseou a passagem como "Deus é amizade", enfatizando, desse modo, os aspectos relacionais não só do amor de Deus, mas da própria natureza da amizade. Neste sentido, portanto, a verdadeira amizade nos ajuda a nos aproximarmos de Deus e de Seu desejo para que possamos crescer e amadurecer espiritualmente.

Uma teologia de amizade cristã apropriada incentiva o cultivo de longo prazo, as amizades duradouras, o que significa que elas devem ir além do superficial, sendo uma interação rica e significativa durante um longo período. Infelizmente, o mundo contemporâneo muitas vezes torna difícil o cultivo desse tipo de relacionamento. Mais do que nunca, estamos nos movendo a velocidades incríveis e, enquanto viajamos rapidamente, passamos de um lugar a outro e vivemos muito longe de onde trabalhamos. Muitas vezes, já não sabemos o que significa fazer parte de uma comunidade ou como construir amizades teologicamente saudáveis. Até mesmo o termo *amigo* é reduzido e desvia nossa percepção do que a amizade deve ser no sentido bíblico. A amizade verdadeira não existe para ganho pessoal de qualquer espécie, mas pelo natural "ganho" virtuoso de ter amigos. Em outras palavras, as amizades exclusivamente convenientes – isso é, aquelas que são forjadas apenas para serem úteis – não são amizades verdadeiras.

Não devemos procurar amizades somente para ganho pessoal ou como uma técnica que podemos aproveitar exclusivamente para fins próprios. A verdadeira amizade, de alguma maneira, ajuda-nos a compreender melhor a bondade de Deus. Além disso, é fácil estabelecer e manter amizade apenas com aqueles que são mais parecidos conosco.

Isso fará com que – básica ou exclusivamente – os cristãos tenham apenas amigos cristãos. Entretanto, como demonstra o exemplo de Jesus Cristo, nossas amizades muitas vezes precisam ser expandidas. Sair de nossa zona de conforto, no que diz respeito à amizade, proporcionará oportunidades não apenas de crescimento de nosso próprio caráter, como também ajudará outras pessoas a crescerem.

Questões para discussão

1. Cite alguns exemplos de amizade em *Toy Story 2*.

2. Mike e Sulley são melhores amigos. Mesmo assim, eles enfrentam algumas dificuldades. Quais atitudes são necessárias para promover a reconciliação? De que forma Mike se reconcilia com Sulley?

3. Qual é o papel do amor na visão bíblica da amizade? De que forma Deus está envolvido com a amizade?

4. Em que sentido somos amigos de Deus? Discuta o significado do sacrifício de Cristo no que diz respeito ao amor e à amizade.

6

Humor

Monstros S.A.

"É o que eu sei fazer, garota."

AÇÃO!

Monstros S.A.

Data de lançamento nos Estados Unidos: 2 de novembro de 2001.

Todos os filmes da Pixar apresentam grandes vozes para acompanhar o incrível visual. De Tom Hanks como Woody, o boneco caubói dos filmes *Toy Story*, ao excelente desempenho Ed Asner como Carl Fredricksen em *Up – Altas Aventuras*, todos os filmes da Pixar incluem vozes famosas. Nos papéis principais de *Monstros S.A.* estão John Goodman como Sulley e Billy Crystal como Mike (na dublagem original em inglês). Crystal recusou o papel de Buzz Lightyear em *Toy Story*, que acabou sendo feito por Tim Allen. Descrevendo seu papel como Mike, o monstro de um olho só, Crystal disse: "Mike era um cara atraente e um pouco estranho que achei ser uma combinação de Mr. Toad e Sammy Davis, Júnior... Ele foi um dos personagens favoritos da minha carreira".[1]

O filme chegou ao fim. O monstro otimista Mike, de olho verde, terminou a reconstrução da porta quebrada de Boo para Sulley, seu melhor amigo. Sulley, que também é um monstro, coloca o último pedaço de madeira, abre a porta e é recebido pela voz alegre de uma criança humana, que diz: "Gatinho!". Os créditos começam a subir enquanto ouvimos um dueto da música *If I Didn't Have You* (*Se não fosse você*), de Randy Newman, na voz de Mike e Sulley. Assim termina o filme *Monstros S.A.* da Pixar. Será mesmo?

Cerca de um mês após o lançamento do filme nos cinemas, a Pixar adicionou uma série de "erros de gravação" aos créditos finais

[1]*The Pixar Story*, DVD, dirigido por Leslie Iwerks. Santa Monica, California: Leslie Iwerks Productions, 2007.

do filme. Como se tratava de uma animação gerada por computador, *Monstros S.A.* teoricamente não teria esses extras, mas isso não impediu a Pixar de criativamente juntar uma série de momentos engraçados envolvendo os personagens, tomadas de microfones aparecendo e outras divertidas cenas que estamos acostumados a ver no final dos filmes de comédia.

Os extras incluem Sulley, o grande e peludo monstro azul, caindo de costas sobre uma poltrona enquanto se afasta da "perigosa" criança Boo. A cena seguinte mostra vários monstros caminhando pelo corredor da Monstros S.A., bastante parecido com a cena clássica do filme *Os Eleitos – Onde o Futuro Começa*, mas com monstros em vez de astronautas. Entretanto, Sulley tropeça, o que faz que todos os outros monstros também caiam, acabando com a entrada majestosa. Se isso não bastasse, a séria personagem Roz, que é sempre sombria no filme, aparece em várias cenas, surpreendendo e divertindo os "atores" monstros. Quando um jovem trabalhador acidentalmente se refere a James Sullivan como o Sr. Saliva, seu colega de trabalho entra em pânico: "Idiota, é 'Sullivan', não 'Saliva'. Tá chamando o cara de cuspe?! A gente nunca mais vai fazer cinema!". Outra cena dos extras mostra uma aparição inesperada de Rex, o tímido dinossauro verde dos filmes *Toy Story*. Desta vez, Rex está aparentemente participando de uma audição para o papel de Ted, um monstro gigante. "Ei, foi boa? Eu assustei? Peguei o papel?", pergunta Rex, animado. "Deixa eu tentar outra? Dá pra rugir mais...", continua o dinossauro.

Os extras culminam com o musical *Manda esse treco de volta senão o bicho pega*, estrelado pelos funcionários da fábrica Monstros S.A..

O musical apresenta um resumo do filme e tem números estrelados por Mike e letras emocionantes como: "Tem uma criança a me perturbar... gruda que nem meleca no nariz, larga do povo de Monstrópolis!". Quando o musical chega ao fim, Mike comenta: "Que noite! A minha mãe está na plateia, senhoras e senhores!". Nesse momento, somos brindados com uma visão da mãe de Mike, que é exatamente igual a ele, exceto pelo fato de que usa sapatos vermelhos, óculos (quer dizer, uma lente desajeitada), um batom vermelho e um cabelo azul pontudo. Claramente emocionada por estar na apresentação de seu filho, ela mostra uma grande luva de "primeiro" na mão esquerda.

Monstros S.A. não é o único filme da Pixar a apresentar extras divertidos. O estúdio de animação começou essa prática com os créditos de *Vida de Inseto* e *Toy Story 2*. Os créditos finais de *Carros* não apresentam cenas extras e "erros de gravação" em si, mas contém cenas adicionais e, de forma divertida, mostram vários trailers de filmes da Pixar estrelados exclusivamente por automóveis. Entre esses trailers, apresentados em um drive-in, estão *Toy Car Story*, *Monster Trucks, Inc.* e *Vida de Inseto (com um Fusca fazendo o papel da formiga Flik)*.

A Pixar também tem senso de humor para fazer piada sobre si mesma. Enquanto assiste aos trailers, o caminhão Mack salienta que o mesmo ator está sendo usado toda hora – uma referência (na dublagem em inglês) à voz de John Ratzenberger (famoso por seu papel como o carteiro Cliff no sitcom americano *Cheers*), que aparece em vários filmes da Pixar (inclusive dando voz a Mack). "Espera um pouco aí... Eles estão usando o mesmo ator toda hora... Mas que raio de produção barata é essa?!", diz o caminhão Mack no final do filme.

A Pixar Animation Studios definitivamente tem senso de humor. Embora essa não seja a única razão do grande sucesso de seus filmes, certamente é um fator chave. Entretanto, de que maneira o humor se liga à virtude? Qual é a relação entre o humor e a teologia cristã? Este capítulo tentará abordar essas e outras questões.

Uma teologia do humor?

O humor é geralmente fácil de reconhecer, mas não tão fácil de definir. Ele está ligado à comédia ou ao cômico, que, por sua vez, está associado ao riso. Quando rimos, geralmente é por causa de algo engraçado que cria em nós a alegria. A alegria é um sentimento de prazer incomum e está associada com a felicidade. O humor, portanto, envolve muitos sentimentos e todos devem ser positivos e edificantes – a menos que estejamos discutindo a comédia de humor negro, que trata de assuntos sérios como, por exemplo, a guerra e os vê a partir de um ângulo estranhamente engraçado.

Entretanto, nem todo humor é criado da mesma forma. Como tudo o que é bom, o humor pode ser corrompido, resultando em algo que não é digno de Deus. Quando é distorcido, o humor deixa de ser bom. Ainda podemos achar divertido, mas devemos ter em mente que somos seres corrompidos que precisam de redenção. Nossas reações frente ao que encontramos na vida não são perfeitas, mas muitas vezes são marcadas por nossa própria natureza corrompida.

E quanto ao humor e a *Bíblia*? É possível construir com sucesso o que poderíamos chamar de teologia do humor? Eclesiastes 3:4 nos lembra que há "Tempo de chorar, e tempo de rir; tempo de prantear, e tempo de dançar", mas não vamos entrar em detalhes dessa passagem. Será que sairíamos melhor examinando outras passagens bíblicas relacionadas com o humor? Muitos Salmos fazem referência ao riso de Deus. O Salmo 2:4, por exemplo, diz: "Aquele que habita nos céus se rirá". Porém, quando olhamos para o contexto, vemos que a passagem contrasta Deus com os líderes humanos fracos e rebeldes. Nesse sentido, o riso da passagem está ligado ao ridículo. Observe, também, que a *Bíblia* está repleta de linguagem figurada. Em outras palavras, a passagem pode simplesmente estar nos comunicando de uma maneira que possamos nos identificar – alguém rindo loucamente do outro.

Os Salmos 37:13 ("O Senhor se rirá dele") e 59:8 ("Mas tu, SENHOR, te rirás deles") nos fornecem outro exemplo desse tipo de riso. Essas passagens deliberadamente atribuem qualidades humanas a Deus para alcançar um ponto com o qual os ouvintes (leitores) possam se identificar. Isso de forma alguma significa, todavia, que Deus não possua o que chamamos de senso de humor. Se garantimos que existe essa coisa chamada humor e que ela é boa, e se esse tipo de humor tem as bases na natureza de Deus, assim como as outras virtudes, então é lógico que o humor é bom – e talvez até mesmo abençoado e divino.

Se todas as histórias e gêneros da *Bíblia* fossem reunidos em uma ampla categoria única – árdua tarefa! –, essa certamente não seria a comédia (embora alguns estudiosos judeus considerem o Livro de Ester cômico). Na verdade, a melhor categoria para tais histórias provavelmente seria o drama ou mesmo a tragédia. Pelo menos esse é o tema de grande parte da *Bíblia* no que se refere aos seres humanos. A grande centelha da história bíblica é que a humanidade era boa e foi corrompida. As ações de Deus na história não são apenas para restabelecer a relação ceifada com os seres humanos, mas também para restaurar a criação – e isso dificilmente seria material de comédia. Porém, se o humor está relacionado à alegria, então há algo a ser dito em favor de uma teologia do humor. As alegrias do riso, por exemplo, podem nos oferecer vislumbres da futura alegria celestial que nos aguarda.

E quanto ao humor em relação a Cristo? O menor versículo da *Bíblia* diz "Jesus chorou" (João 11:35), mas não temos nenhum versículo explicitamente dizendo "Jesus riu". Infelizmente, o Cristianismo é apresentado muitas vezes como sombrio, por tratar de questões sérias. Os próprios cristãos, muitas vezes, comunicam-se em um nível de seriedade que tende a sufocar qualquer aparência de humor e de alegria na vida cristã. Quase todos os filmes que retratam a vida de Jesus o mostram como uma pessoa sempre séria. E por que não o deveria ser? Afinal, Ele está chamando as pessoas ao arrependimento, não os convidando para um show de comédia *stand-up*.

Entretanto, se tomamos a posição teológica de que Jesus era plenamente humano e plenamente divino, então é óbvio que, em sua natureza humana, Ele tinha senso de humor. Como consequência, seu senso de humor não seria deformado pelo pecado e pela queda – mas, ainda assim, Ele teria senso de humor. A conclusão lógica é que Jesus não apenas tinha senso de humor, mas que Ele também ria, expressando, assim, toda a sua alegria.

Jesus alguma vez disse algo engraçado? Não há gravação de risos acompanhando o registro escrito que conhecemos como *Novo Testamento*, mas há vários indicadores do humor de Cristo. Por exemplo, muitas das figuras de linguagem que Jesus criou na mente de seus ouvintes eram certamente divertidas: "Condutores cegos! que coais um mosquito e engolis um camelo" (Mateus 23:24), "E, outra vez vos digo que é mais fácil passar um camelo pelo fundo de uma agulha do que entrar um rico no reino de Deus", "E por que atentas tu no argueiro que está no olho de teu irmão, e não reparas na trave que está no teu próprio olho?" (Lucas 6:41).

Elton Trueblood, autor do livro *The Humor of Christ* (1964), escreve:

> *A generalizada falha em reconhecer e apreciar o humor de Cristo é um dos aspectos mais surpreendentes da era dita Dele. Quem lê os evangelhos sinópticos [Mateus, Marcos e Lucas] com relativa liberdade deveria esperar ver que Cristo riu, e que Ele deseja que os outros também riam, mas nossa capacidade de perder esse aspecto da vida Dele é fenomenal. Estamos tão certos de que Ele sempre foi muito sério que, muitas vezes, distorcemos Suas palavras para tentar adaptá-las ao nosso molde preconcebido. A piedade equivocada nos fez temer que a aceitação de Sua óbvia sagacidade e humor de alguma forma fosse sacrilégio ou blasfêmia. A religião, segundo pensamos, é uma coisa séria, e uma coisa séria é incompatível com a brincadeira.*[2]

Trueblood está tão convencido do humor de Cristo que apresenta nada menos do que trinta passagens do *Novo Testamento* em que Jesus apresenta algum tipo de humor.

Jesus tinha um humor afiado e um sentido de ironia sutil, porém poderoso. Muitas vezes, Ele criou divertidas figuras de linguagem por meio de parábolas, além de também usar uma forma lógica de argumentação conhecida como *reductio ad absurdum* (redução ao

---

[2]TRUEBLOOD, Elton. *The Humor of Christ*. San Francisco: Harper & Row, 1975. p. 15.

absurdo), por meio da qual a posição de um oponente é exposta como um absurdo, por vezes vinculado ao humor.

O humor segundo a Pixar

O humor está presente em todos os filmes da Pixar. Em *Vida de Inseto*, Hopper se diverte com as palhaçadas dos insetos do circo, especialmente quando Deita e Rola, os tatuzinhos-de-jardim, cantam, dançam e depois começam a discutir e a bater e a empurrar um ao outro. "Isso vai ser legal!", comenta Hopper, "Vamos colocar um pouco de humor aqui".

Toy Story 2 também tem sua cota de humor. A sequência de abertura com Buzz Lightyear em uma perigosa missão é um exemplo disso. Em um momento, Buzz é cercado por robôs inimigos, agentes de seu arqui-inimigo Zurg, e todos eles apontam suas armas para o patrulheiro espacial, cobrindo-o com pequenos pontos de luz vermelha. Quando os robôs são mostrados de perto, vemos robôs menores, também empunhando armas, saírem de seus ombros – e outros, ainda menores, aparecem dos ombros desses últimos. Mais tarde, quando Woody está assistindo ao programa de TV *O Rodeio do Woody*, um grupo de animais da floresta pede ajuda para ele salvar Jessie e o Mineiro, que estão presos em uma mina. Os animais mal têm tempo para murmurar alguns ruídos e Woody já responde, consciente e rapidamente: "Como é? A Jessie e o Mineiro estão presos em mina abandonada e o Mineiro acendeu uma banana de dinamite pensando que era uma vela e agora estão prestes a virar picadinho?". Um coelho concorda em resposta: "Hum, hum".

Também há humor em *Os Incríveis*, especialmente quando se trata do vilão francês, Bomb Voyage, que usa uma boina, tem uma pinta falsa no rosto e faz comentários sarcásticos em francês. Outra cena hilária ocorre quando as costas do Sr. Incrível saem do lugar no meio de uma briga com um protótipo de robô Omnidroid.

Na animação *Up – Altas Aventuras* também há uma cena bastante divertida. Conforme a "câmera" se desloca para três bravos cães na selva da América do Sul, um em particular se mostra mais ameaçador do que os outros. Trata-se de um dobermann com o pelo preto e brilhante que está sentado em silêncio, olhando ameaçadoramente para a selva. Entretanto, este não é um cachorro comum. Seu mestre, o famoso explorador Charles Muntz, equipou-o com uma coleira que lhe permite falar. Enquanto a câmera focaliza lentamente o dobermann, ele começa a falar. A expectativa é que uma voz profunda e ameaçadora emane do alto-falante em sua coleira. Em vez disso, os telespectadores são surpreendidos com a voz esganiçada do cão Alpha, já que seu dispositivo está quebrado. Ele soa como se tivesse sugado gás hélio. A cena é hilária e causa muitas gargalhadas nos espectadores. Ao longo de todo o filme, a coleira desregulada de Alpha proporciona vários momentos de humor.

Embora muitos filmes da Pixar estejam cheios de humor, esta seção se concentrará em *Monstros S.A.*, *Ratatouille* e *WALL-E*.

"Faz ela rir!"

Já comentamos sobre as hilárias cenas extras apresentadas durante os créditos finais de *Monstros S.A.*, mas há mais nessa história. A trama do filme gira em torno de monstros que precisam assustar as crianças para capturar seus gritos, que, por sua vez, fornecem energia para o mundo dos monstros. Obviamente, o que está em jogo aqui é o conceito de narrativa de reversão: normalmente, as crianças têm medo de monstros, mas, em *Monstros S.A.*, são os monstros que temem as crianças. Isso cria várias cenas engraçadas envolvendo a criança humana Boo, que assusta os monstros em vez de temê-los.

Ao longo do filme, coisas estranhas acontecem quando Boo ri: mais de uma vez as luzes piscam e, em determinado momento, a rede elétrica fica sobrecarregada, o que causa um apagão. Embora demore algum tempo para descobrir isso, Sulley, o monstro grande e peludo, finalmente percebe que o riso de Boo gera quantidades incríveis de energia. Em um ponto, enquanto Mike e Sulley estão fugindo do malvado Randall, eles precisam obter energia para fazer funcionar algumas portas que funcionam como portais do mundo dos monstros. Os monstros precisam ser rápidos para poderem escapar pelas portas quando elas forem ativadas. Sulley, então, incentiva Mike a fazer Boo rir, fornecendo, assim, energia para as portas. "Faz ela rir! Vai por mim!". Mike bate em seu próprio olho, Boo gargalha e as portas recebem força suficiente para se abrirem. Entretanto, quando a porta do quarto de Boo é finalmente encontrada, não há mais energia. "Faz ela rir outra vez", diz Sulley. De braços cruzados, Boo espera por algo engraçado. Mike começa a fazer piadas, aperta a cabeça em uma porta, mas Boo não ri. "É o que eu sei fazer, garota", diz Mike com a cara fechada.

No final, o plano diabólico para extrair à força os gritos das crianças é exposto. Muitos pensam que, com isso, a Monstros S.A. será fechada, mas Sulley tem uma grande ideia. Em vez de assustar as crianças, porque não fazê-las rir para gerar energia? O lema da empresa "Assustamos porque nos importamos" já não é mais válido. Sulley transforma a fábrica em um lugar de risos e alegria. Agora os monstros não entram mais nos quartos das crianças para assustá-las, mas sim para fazê-las rir. Mike tem um show de comédia *stand-up*, enquanto os outros monstros fazem várias coisas para capturar o riso. O "andar do susto" é agora o "andar do riso" e uma atmosfera de festa se espalha pela fábrica, com serpentinas, bexigas coloridas e faixas que dizem: "Pense engraçado". Sulley observa que "o riso é dez vezes mais potente que o grito". É melhor pular de alegria que tremer de medo.

Sobre ratos e robôs

Ratatouille e *WALL-E* também têm humor. O primeiro filme é sobre um rato chamado Remy e que sonha ser chef de cozinha, enquanto o segundo é sobre um robô, *WALL-E*, e seu amor pela robô EVE (acrônimo em inglês para *Extraterrestrial Vegetation Evaluator* – em português, Examinador de Vegetação Extraterrestre).

Entretanto, o humor em *Ratatouille* e em *WALL-E* é, em grande parte, baseado em temas e piadas visuais. *Ratatouille* é divertido porque ninguém espera que um rato se torne um chef famoso, muito menos que controle um ser humano desastrado, Alfredo Linguini, puxando mechas de seus cabelos como em uma marionete. Em determinado ponto, depois de uma noite de trabalho duro, Linguini está dormindo no chão da cozinha do restaurante de Gusteau. O rato Remy chega e percebe que outra funcionária, Colette, está prestes a entrar no edifício. Linguini gosta de Colette, mas é tímido e desajeitado. O roedor, então, rasteja sob o chapéu de chef de Linguini para acordá-lo. Incapaz de despertar o humano, Remy coloca óculos escuros no homem adormecido e tenta controlar suas ações, convencendo Colette, de que Linguini está acordado e trabalhando. Colette entra e se depara com um aparentemente entediado Linguini mexendo em uma panela. Ela fala com ele, mas Remy é apenas capaz de fazer o chef acenar. Colette fica chateada com o fato de Alfredo não responder: "Achei que você fosse diferente e que você me achava diferente. Achei...". Nesse momento, a cabeça de Linguini se vira e ele começa a roncar.

WALL-E também é cômico, ao mesmo tempo em que apresenta aos espectadores ideias desafiadoras sobre a tecnologia e a maneira como vamos usá-la (ver Capítulo 11). Entretanto, em muitos aspectos, WALL-E é semelhante a um filme de cinema mudo. Há longos períodos sem diálogo – preenchidos apenas com efeitos visuais, sonoros e, às vezes, música. No início do filme, o público é brindado com uma música edificante do musical *Alô, Dolly!* Mais tarde, acompanhamos a rotina diária de WALL-E, o robô de compactação de lixo, conforme ele coleta esquisitices, como um pato de borracha, uma paddle ball e um sutiã (que coloca em seus olhos mecânicos). Quando encontra uma caixa de anel contendo um grande diamante, WALL-E fica bastante feliz, mas rapidamente joga fora o diamante e guarda a caixa de veludo, intrigado com o mecanismo da dobradiça. O robozinho também aprende a usar um extintor de incêndio como um dispositivo de propulsão, atirando-se por todos os lados – uma técnica que se mostra bastante útil quando ele acaba no espaço com nada além de um extintor de incêndio para controlar seus movimentos.

Há ainda mais humor após a chegada da robô EVE, que veio à Terra em busca de uma planta viva. Quando encontra o que procura, a robô desliga e WALL-E, que sente carinho por ela, fica preocupado passando a cuidar de EVE. Enquanto ouvimos uma música alegre, WALL-E tenta proteger EVE da chuva durante uma tempestade – e, nessa ocasião, acaba sendo atingido por um raio. Quando o pequeno robô tenta reiniciar EVE, leva um choque que o faz voar para longe. Mais tarde, WALL-E envolve EVE em luzes de Natal e, sentado em um banco, olhando o pôr do sol, tenta segurar-lhe a "mão", que se fecha com força, prendendo o robô compactador. Em outra sequência, quando está entediado, vemos WALL-E brincar com um velho videogame *Pong* (ele está ganhando o jogo, 8.000 a 0).

Tanto *Ratatouille* quanto *WALL-E* apresentam um humor inteligente. Eles tomam as expectativas preconcebidas dos espectadores e as transformam. Além disso, ambos os filmes oferecem aos espectadores um rico humor visual que, em muitos aspectos, é mais complexo do que aquele criado com base em piadas. Os filmes também apresentam certa dose de alegria e de prazer. Remy ama cozinhar, e isso o faz feliz; WALL-E é infantil em sua inocência, e essa é uma qualidade que muitas vezes provoca o humor involuntário.

Humor, virtude e alegria

Os filmes da Pixar são engraçados – não em todos os momentos, mas certamente há humor salpicado por toda parte. Gostamos de vê-los porque são bem-humorados, divertidos e, no geral, contêm mensagens positivas para as famílias. Entretanto, como o humor se relaciona com a virtude? Ou, talvez mais importante ainda, de que forma o humor se relaciona conosco em um nível prático hoje em dia?

O humor é virtuoso enquanto é fundado no prazer e na alegria que está baseada em Deus. Em vez de buscar o entretenimento exclusivamente para fins de diversão ou para tirar de nossas mentes a infelicidade e outros desafios, devemos tentar compreender o humor como redenção. O que há por baixo do bom humor? Há uma sensação de prazer. Além disso, o humor muitas vezes tem êxito quando se faz piada com os vícios, seja o orgulho, a gula, a inveja, a preguiça etc. Ao fazer isso, devemos considerar o outro lado do vício e voltar em direção à virtude. Também devemos virar as lentes do humor para nós mesmos. Sendo o que somos – seres humanos corrompidos –, frequentemente tentamos justificar pensamentos, palavras e comportamentos quase inaceitáveis. Se tomarmos um momento para refletir sobre a inutilidade da autodefesa e de nossos esforços para nos salvarmos, podemos começar a olhar para a verdadeira fonte de nossa defesa: Deus por meio de Cristo.

O humor também oferece aos cristãos relances da alegria que nos espera. No Livro do Apocalipse, a reunificação do povo de Deus com Ele é comparada com a celebração de uma festa de casamento, cheia de alegria (Apocalipse 19:7-9; 21). Nossa esperança celeste é real, assim como o é o riso que certamente acompanha o momento da celebração. O Salmo 32:11 diz: "Alegrai-vos no SENHOR, e regozijai-vos, vós os justos; e cantai alegremente, todos vós que sois retos de coração". A busca pela virtude não se destina a nos deixar para baixo, mas sim a nos edificar. Como funcionamos dentro dos alegres parâmetros criados por Deus para nós, crescemos na alegria. Isso não significa que não haja momentos de seriedade, pois o Cristianismo de fato oferece uma mensagem circunspecta para a humanidade. Entretanto, essa mensagem termina com uma boa nova, por meio do evangelho de Cristo e do que Ele fez por nós. A vida cristã não precisa ser conservadora e chata. Deus se deleita em nós e talvez até mesmo ri de nós. Para sermos plenamente humanos, precisamos rir.

Os filmes da Pixar fazem sucesso, pelo menos em parte, por causa do humor que apresentam. Se tentarmos permanecer sérios durante todo o tempo, nossas vidas serão monótonas e vazias, em vez de vibrantes e alegres. Isso não quer dizer que a alegria e o riso sejam exclusivos em nossa gama emocional (pelo contrário), mas que eles, de fato, têm seu lugar. O sóbrio autor do Eclesiastes nos lembra de que há "tempo para rir" (3:4), mesmo quando também há "tempo para chorar". As virtudes do humor estão atreladas à alegria e ao prazer, que são estabelecidos em Deus.

Questões para discussão

1. Pense em um de seus filmes ou personagens da Pixar favoritos. Em sua opinião, o que faz esse filme ou esse personagem ser engraçado?

2. A maioria de nós não passa muito tempo desenvolvendo uma teologia do humor. Qual é a sua opinião sobre o humor e a alegria com relação a Deus Pai e a Jesus Cristo, o Filho? Você consegue se lembrar de algum exemplo bíblico que sugira humor?

3. Se você assistiu a *Ratatouille* ou a *WALL-E*, elenque alguns exemplos de humor presentes nesses filmes. O que você achou engraçado nessas cenas? Por quê?

4. De que forma os cristãos veem o humor como redenção?

7

Família

Procurando Nemo

"Eu tenho que achar meu filho!"

Procurando Nemo

Data de lançamento nos Estados Unidos: 30 de maio de 2003.

Fiéis ao grande trabalho de pesquisa que os cineastas da Pixar realizam em cada projeto, enquanto trabalhavam em *Procurando Nemo*, os membros da equipe do filme levaram para os estúdios um grande aquário (com peixes de água salgada) e mergulharam, a fim de experimentar pessoalmente o oceano. Além disso, um especialista em fundo do mar foi contratado para prestar consultoria ao filme. O resultado é uma animação gerada por computador que oferece descrições precisas da vida marinha, embora com alguma margem de liberdade criativa (peixes falantes, por exemplo).

Um casal jovem e entusiasmado está admirando a vista deslumbrante de sua nova casa. Tudo que eles precisam para criar uma família está disponível a um passo – um bairro maravilhoso, grandes escolas e sua nova casa. A aventura da vida está aberta diante deles. Como é de se esperar, eles querem o melhor para seus filhos.

Essa poderia ser a história de inúmeras famílias, mas o que há de incomum nesse caso é o fato de se tratar de um casal de peixes-palhaço, Marlin e Coral, do filme *Procurando Nemo*. As histórias da Pixar podem se passar em mundos fantásticos com, por exemplo, peixes falantes, mas elas repercutem em nós não por causa de seus elementos fantásticos, mas por causa dos elementos com os quais podemos nos identificar – elementos como família, amor, amizade e, no caso de pais, o sincero desejo de oferecer o melhor a seus filhos.

No entanto, algo dá errado, como tantas vezes acontece não apenas nos filmes, mas também na vida. Embora o mundo seja belo e cheio de possibilidades, ele também é perigoso e repleto de armadilhas. Enquanto Marlin e Coral estão apreciando seus futuros filhos, a alegria dos mares é chocantemente interrompida pelo ataque de um maldoso tubarão. Em seus esforços para defender sua família, Marlin é nocauteado e cai inconsciente no chão de sua casa – uma anêmona. Quando acorda, o peixe descobre que Coral, sua esposa, morrera, juntamente com todos os seus ovos – exceto um. Com amor, Marlin segura em suas barbatanas o único ovo sobrevivente e o batiza de "Nemo" – como era o desejo de Coral. A partir da morte e da devastação, Marlin encontra vida nova e pretende proteger seu filho a todo custo. "Eu prometo", diz, "Nunca vou deixar nada acontecer a você... Nemo".

Procurando Nemo é, em sua essência, um filme sobre a família. Um pai, viúvo e sozinho, que quer o melhor para seu filho. Depois de viver uma tragédia, Marlin se torna tão superprotetor que acaba sufocando Nemo, um jovem peixe-palhaço com um problema – ele tem uma nadadeira menor do que a outra. No entanto, Marlin só é tão protetor assim por que deseja o bem de Nemo – afinal, ele já viu do que o perigoso mundo lá fora é capaz.

Os filmes da Pixar levam aos espectadores tanto as alegrias quanto os desafios das famílias. Os lugares e as personagens das histórias contadas variam: *Procurando Nemo* nos leva em uma aventura submarina, ao passo que *Os Incríveis* retrata uma família de super-heróis que luta para se ajustar em um mundo que lhes tem dado pouco espaço. Ainda assim, eles enfrentam desafios com os quais podemos nos identificar – desafios como a rivalidade entre irmãos, o trabalho (que nem sempre é satisfatório), os problemas na escola, as tensões no casamento.

Em *Up – Altas Aventuras*, a Pixar também aponta *insights* sobre a família – desta vez, entretanto, por meio de um jovem sereno e reservado chamado Carl Fredricksen que se casa com sua namorada de infância, Ellie. Ao longo do caminho, Carl e Ellie enfrentam muitas dificuldades, como a maioria das famílias. No final, todavia, seu amor vale tudo pelo que passaram.

"É complicado... é família"

Abordar o tema da família não é fácil. Como o talentoso chef, o rato Remy, explica em *Ratatouille*, em um momento de irritação: "É complicado... é família, sabe?". Estejamos casados ou solteiros, tenhamos ou não filhos, sempre fazemos parte de uma família. Mas o que é uma família? Além disso, o que é uma visão bíblica da família? E quanto à paternidade? Será que existe alguma técnica que ajude os pais a obterem sucesso?

Embora a cultura ocidental contemporânea tenha estendido a definição de família a incontáveis formas, em algum nível sabemos o que significa família. Há, naturalmente, a família tradicional, composta por mãe, pai e um ou mais filhos. Para alguns, a família traz à mente recordações alegres, ao passo que, para outros, ela não é algo tão agradável. A família constitui uma união que, por sua vez, é uma unidade social. Idealmente, o lar é onde muitas coisas positivas devem acontecer – incluindo o desenvolvimento moral. Todavia, nenhuma família é perfeita. É essa imperfeição das famílias, aliás, a responsável por vários aspectos das narrativas, incluindo os filmes da Pixar.

No que concerne à *Bíblia*, a família é muitas vezes usada metaforicamente para esclarecer importantes verdades teológicas. A divindade, por exemplo, consiste do Pai, do Filho e do Espírito Santo coexistindo em amor e em unidade e, em certa medida, é um exemplo de família. Considere, por exemplo, os termos *Pai* e *Filho*, deliberadamente escolhidos por Deus a fim de nos ajudar a nos identificarmos com uma estrutura familiar básica. Além disso, há ainda uma aplicação à família ou ao corpo da Igreja cristã. Os cristãos, embora possam não ser biologicamente relacionados, são considerados irmãos e irmãs em Cristo – também chamados de "filhos de Deus" (ver, por exemplo, João 1:12, Romanos 8:21, Filipenses 2:15, I João 3:1-2).

Ademais, relacionado à família, entra em jogo o conceito de aliança. Da mesma forma como Deus teve relações de aliança com os seres humanos, assim também o núcleo familiar constitui um pacto, ou seja, um acordo relacional com determinadas expectativas e parâmetros. Fazer parte de uma aliança familiar ajuda a preparar cada um de nós para as realidades e para os desafios que enfrentaremos conforme amadurecemos, além de nos ajudar a crescer na virtude.

A família é uma virtude? Por si só, esse não é necessariamente o caso, mas o fato é que a família não existe em um vácuo. As famílias são lugares nos quais virtudes como, por exemplo, o amor devem existir, assim como aspectos da identidade e da amizade. A família também pode nos ajudar a aceitar conceitos bíblicos como a aceitação e o amor incondicionais.

A família segundo a Pixar

Os filmes da Pixar não se esforçam para retratar de modo proposital uma família nitidamente cristã. Em vez disso, eles procuram ilustrar as provações e os desafios típicos enfrentados pela maioria das famílias. Isso não significa, porém, que a sabedoria que a Pixar oferece no que diz respeito às famílias seja inútil. Pelo contrário, ela é de grande valor.

Toy Story 1 e *Toy Story 2* são histórias essencialmente sobre os brinquedos, mas as famílias também têm o seu papel nessas animações. O garoto Andy tem uma irmã mais nova, Molly, e sua mãe é aparentemente solteira (não temos detalhes sobre o paradeiro ou situação do pai). Em *Toy Story 1*, o garoto vizinho, o problemático Sid, vive com os pais e com a irmã, mas há algum grau de negligência. Três outros filmes da Pixar, no entanto, serão o foco de nossa atenção aqui: *Procurando Nemo*, *Os Incríveis* e *Up – Altas Aventuras*.

"Tem bastante oxigênio puro aqui"

Juntamente com *Os Incríveis*, *Procurando Nemo* aborda abertamente temas relacionados à família, especialmente no que diz respeito à paternidade e à relação entre pais e filhos. Como lemos no início deste capítulo, *Procurando Nemo* começa com um casal de jovens entusiasmados, Marlin e Coral, prontos para embarcar na aventura da paternidade. Marlin está encantado com a casa que adquiriram – "Tem bastante oxigênio puro aqui", diz ele, observando a paisagem da "janela". No entanto, logo seus sonhos são quebrados e Marlin se torna a única família do ovo sobrevivente, Nemo. Marlin lida com preocupações comuns aos pais, como, por exemplo, deixar uma criança na escola pela primeira vez – embora, no caso do peixe-palhaço, essas preocupações sejam ampliadas em virtude de sua paranoia. Mesmo antes de Nemo nascer, Marlin expressava suas inseguranças sobre ser pai. "E se eles não gostarem de mim?", ele pergunta a Coral. Sempre que Nemo está em perigo, mesmo que remotamente, Marlin está lá para cuidar de tudo. Quando um mergulhador captura seu filho, Marlin está disposto a fazer qualquer coisa para resgatá-lo. O resultado é uma incrível odisseia tanto para Marlin quanto para Nemo, e, ironicamente, é quando estão separados que eles aprendem mais sobre estarem juntos.

Quando Marlin conhece Dory, uma peixe-anjo com problemas de memória, eles seguem juntos procurando Nemo. Talvez algumas das lições mais claras que Marlin aprende em sua jornada acontecem quando ele encontra um grande grupo de tartarugas marinhas viajando na Corrente Leste Australiana. O tenso e superprotetor Marlin conhece o descontraído Crush, uma tartaruga marinha que representa quase seu oposto no que concerne ao estilo de paternidade. Quando um dos filhos de Crush, Esguicho, é puxado para fora da corrente, Marlin entra em pânico e quer ir atrás dele, mas Crush é mais sábio: "Ei, segura o coco, irmão", diz Crush, "Vamos ver o que que o Esguicho faz sozinho". Logo depois, Esguicho volta para a corrente por conta própria, animado com o seu feito. Isso faz Crush reconhecer a coragem de seu filho em vez de puni-lo ou de se preocupar com ele. Depois de Marlin viajar os mares e finalmente encontrar Nemo por meio de Nigel, um pelicano australiano, o peixinho fica cheio de orgulho do pai e percebe o quanto ele o ama e quanta distância atravessara para encontrá-lo.

Quando Marlin e Dory são engolidos por uma baleia, surge outra oportunidade de o peixe-palhaço crescer como pai. Ele está preso, incapaz de continuar sua jornada, e enfrenta uma crise de fé. Não importa o quanto tente, ele não pode escapar. Enquanto Marlin bate incessantemente contra os dentes da baleia, determinado a escapar e a continuar sua procura por Nemo, Dory nada despreocupadamente, encantada com a experiência que está vivendo. À beira do pânico, Marlin diz: "Eu tenho que sair daqui! Eu tenho que achar meu filho! Eu tenho que contar para ele quantos anos as tartarugas vivem!". O que é tocante nessa cena é o incrível poder do amor paterno mostrado por Marlin. Tudo o que ele quer é continuar a busca por seu filho. Nesse momento, Dory tenta consolar Marlin, que está quase desistindo. "Vai ficar tudo bem", diz ela. "Não, não vai não", responde Marlin. "Eu prometi que nunca deixaria nada acontecer com ele". Dory, então, aponta o absurdo dessa promessa: "Coisa engraçada de se prometer. Se você deixar nada acontecer com ele, aí nada vai acontecer com ele", diz ela.

Um jogo de palavras logo ressalta o ponto. "Ela [a baleia] disse que a gente precisa soltar logo", diz Dory. "Vai dar tudo certo". Marlin, entretanto, ainda é incapaz de ter fé: "Como sabe disso? Como sabe que não vai aparecer nenhum problema?". Dory responde: "Não sei não". Em um lance de fé, Marlin se solta e cai. O fato é que a baleia realmente queria ajudar Marlin e Dory, atirando-os para fora por meio de sua cavidade respiratória – e exatamente próximo a seu destino: Sydney. O jogo de palavras é uma metáfora para a paternidade. Às vezes os pais têm de soltar e confiar que seus filhos estarão bem. Obviamente, não sabemos ao certo se algo de ruim pode realmente acontecer, mas não podemos carregar esse peso para sempre.

Uma família incrível

Procurando Nemo é sobre a família e seu foco está em um pai e um filho – Marlin e Nemo. *Os Incríveis*, por sua vez, expande o tema da família e apresenta uma família *sui generis*, embora envolvida em situações e circunstâncias típicas. A família Pera, conhecida como *Os Incríveis*, consiste em um pai e uma mãe super-heróis (Roberto e Helena), e seus três filhos: Violeta, Flecha e Zezé. Eles são uma família extraordinária, uma vez que cada um dos membros possui super-habilidades: Roberto é incrivelmente forte, Helena pode se esticar a grandes distâncias, Violeta fica invisível e cria campos de força, Flecha se move a uma velocidade fantástica e o bebê Zezé, que em um primeiro momento acredita-se não possuir poder algum, mais tarde, acaba manifestando vários deles.

Embora os Pera sejam extraordinários em suas habilidades superpoderosas, eles são, em muitos aspectos, típicos em suas expressões no que diz respeito à família. Roberto é um pai que luta com o trabalho e faz de tudo para dar o seu melhor; Helena é uma mãe ocupada que faz malabarismos para conciliar as tarefas domésticas e o cuidado com os três filhos; Violeta é uma adolescente tímida com baixa autoestima; Flecha é um filho indisciplinado que está testando os limites de sua liberdade; Zezé é o caçula da família e se soma aos desafios da vida diária. A animação *Os Incríveis* manipula de forma admirável as diferentes relações familiares, tocando em temas como rivalidade entre irmãos, tensões matrimoniais e relações entre pais e filhos.

Como *Up – Altas Aventuras*, que discutiremos mais tarde, *Os Incríveis* traz à tona uma série de questões familiares relacionadas ao casamento. Quando Roberto chega atrasado ao seu próprio casamento, por causa de sua atividade como super-herói, Helena é direta: "Eu te amo, mas para isso funcionar direito, você vai ter que ser mais do que o Sr. Incrível. Você sabe disso, não sabe?". O casamento é uma união, uma aliança, um laço, não é algo para ser levado de forma despreocupada. Fazer "funcionar", como sugere Helena, exige esforço, e parte desse esforço envolve passar tempo com a família em vez de ser um *workaholic* ou se preocupar excessivamente com outras tarefas e interesses. O casamento diz respeito a duas pessoas, não a uma, e, logo, oferece várias oportunidades para o crescimento do caráter e para a maturidade de ambos.

Os Incríveis também apresenta lições sobre a confiança no relacionamento conjugal. Roberto quebra essa confiança quando mente sobre ter perdido o emprego e quando não conta à Helena sobre suas novas aventuras de super-herói. Sua aparente crise de meia idade é uma desculpa esfarrapada que ameaça seu relacionamento conjugal e sua relação com os filhos que, saiba ele ou não, estão observando e aprendendo. Quando chega em casa tarde da noite, após supostamente ter ido ao boliche com o amigo Lúcio (também conhecido como Gelado), Beto encontra uma Helena nada satisfeita. Ele obviamente está de novo praticando atividades de super-herói, desconfia ela. A preocupação de Helena é que seu disfarce seja novamente revelado, o que exigiria uma mudança: "É uma coisa ruim, Beto, sua família mudar *outra vez*, só para você reviver os seus dias de glória é uma coisa muito ruim!".

Helena também é realista sobre sua situação atual. Sim, Roberto teve seus dias de glória como o Sr. Incrível, mas e quanto ao agora? "Isso aqui, a nossa família é o que existe agora, Beto... E você está perdendo o agora!".

Além do relacionamento conjugal, a animação *Os Incríveis* também tem muito a dizer sobre a paternidade. Beto tem um dia desagradável no trabalho e chega em casa preocupado, distraído e distante. Seu papel de pai, como demonstrado durante o jantar, é limitado, indiferente e ineficaz. Quando as coisas ficam fora de controle entre Violeta e Flecha, Helena grita: "Beto, vem cá ajudar! Faz alguma coisa aí... Não fica aí parado, você precisa apartar".

Nesse meio tempo, Helena teve um dia bastante difícil: ela precisou ir falar com o diretor da escola por causa de seu filho Flecha – essa é a terceira vez em um ano que o garoto é mandado para a diretoria. "A gente tem que achar uma alternativa", diz Helena, "uma que seja construtiva". Flecha quer praticar esportes, mas seus pais não lhe permitem porque têm medo de que o garoto não seja capaz de esconder suas habilidades de super-herói e, assim, acabe revelando seu disfarce. Flecha, entretanto, não entende as restrições sobre quem é: "Por que eu não posso fazer o melhor que consigo?", pergunta o garoto. Helena responde que o mundo só quer que eles "se ajustem" e que, portanto, eles precisam ser iguais às outras pessoas. Embora o tema da discussão – pedir a nossos filhos que controlem suas super-habilidades – possa não se vincular à nossa vida, a discussão em si ilustra a interação aberta e atenciosa entre pais e filhos.

A próxima parada de Helena é Western View Junior High, onde a adolescente Violeta está aguardando sua carona. Violeta é tímida e desajeitada e sua baixa autoestima a impossibilita de falar com o menino de quem gosta. Durante o jantar, ela não fala muito, mantém-se entediada e sozinha. Rapidamente, entretanto, Violeta começa a discutir com o irmão, Flecha, que a afronta. Quando, em determinado momento, Helena usa a expressão "supernormal", Violeta exclama, exaltada: "Normal? O que você sabe sobre ser normal? O que qualquer um nessa casa sabe sobre o que é ser normal?". Embora o tópico em questão seja possuir superpoderes e, apesar disso, tentar se relacionar com os outros, as observações de Violeta refletem as de muitos adolescentes, que apenas querem ser normais e fazer parte de um grupo.

Mais tarde, Helena, Violeta e Flecha estão em um avião, perto da ilha do arqui-inimigo do Sr. Incrível, Síndrome. Durante um momento crítico, Helena pede para que Violeta crie um campo de força ao redor do avião, mas a garota, sob intensa pressão, é incapaz de fazê-lo. Pouco tempo depois, uma conversa entre Helena e Violeta oferece outros exemplos sobre a relação entre pais e filhos. A garota pede desculpas por ter sido incapaz de gerar um campo de força, mas Helena é compreensível e reconfortante: "Não foi culpa sua. Não foi justo exigir tanto de você de repente... Você tem mais poder do que imagina". O tom de Helena e sua interação com Violeta oferecem observações úteis sobre maneiras positivas com as quais podemos interagir com nossos filhos.

Por volta dos quarenta minutos do filme *Os Incríveis* há uma pequena montagem da edificante música de Michael Giacchino, "Life's Incredible Again". O interlúdio instrumental dura menos de dois minutos, mas embala momentos do filme em que uma série de exemplos das alegrias da vida familiar é acompanhada magistralmente pela música. Roberto realmente ama sua esposa, e expressa seu amor com beijos entusiasmados e divertidas "perseguições" pela casa. Em um momento, Flecha e o Sr. Incrível brincam com carros de corrida e jogam futebol. Roberto também está mais envolvido com Zezé. Em resumo, a vida de Beto e de sua família é incrível novamente. Entretanto, uma vida familiar incrível não acontece sozinha, mas exige uma paternidade ativa e um interesse genuíno.

Altas famílias

Uma família não precisa consistir em marido, esposa e filhos. Como *Up – Altas Aventuras* mostra, um casal também constitui uma família. Esse tipo de família começa com a amizade, que se transforma em amor, e, na animação da Pixar, leva ao casamento. Não importa o quanto Carl Fredricksen e Ellie sejam diferentes em vários aspectos: o que os leva a constituir uma família é o amor. Amigos desde a infância, eles compartilham suas esperanças e seus sonhos e, finalmente, acabam se casando – tendo ainda a perspectiva de viver uma grande aventura na América do Sul (ver Capítulos 9 e 12).

Em uma comovente montagem muda, que dura apenas alguns minutos – acompanhada pela bela, embora melancólica canção "Married Life", de Giacchino – os diretores Pete Docter e Bob Peterson nos contam a história do casal. Carl e Ellie desfrutam a vida, um ao lado do outro. Eles pensam em ter filhos e, embora não consigam, seguem enfrentando os desafios da vida: em uma grande jarra, o casal poupa dinheiro para sua viagem, esperando viver uma grande aventura em Paraíso das Cachoeiras, na América do Sul. Contudo, a vida tem sua maneira de consumir nossas economias – problemas com o carro, consertos na casa, necessidades médicas. Com frequência, Carl e Ellie precisam quebrar sua jarra e usar os fundos que eram reservados para a aventura.

Num piscar de olhos, muitos anos se passam e Carl e Ellie são agora idosos. Seu sonho de visitar o Paraíso das Cachoeiras praticamente desapareceu na memória. Sabendo que não lhes resta muito tempo juntos, Carl compra passagens para a Venezuela e espera surpreender Ellie durante um piquenique. Finalmente, eles viverão sua aventura! Mas, não era para ser. O amor de toda sua vida, sua esposa na sua juventude e na velhice, acaba morrendo. Abandonado a si mesmo, Carl perde sua visão alegre da vida e se torna um estereótipo do velho rabugento. É preciso a amizade única com um garoto chamado Russell para amolecer o coração de Carl novamente (ver Capítulo 5).

Contar a história de Carl e Ellie foi uma ousadia da Pixar. Em primeiro lugar, porque o filme toca no doloroso assunto do aborto. Em segundo, porque a sequência muda descrita anteriormente é sofisticada demais para as crianças absorverem. *Up – Altas Aventuras* é um filme sobre amizade, amor, família – e os sacrifícios e desafios envolvidos em cada um desses temas. Para aqueles que são casados, a animação desvela a realidade de que, algum dia, um de nós morrerá. E o que acontece com quem fica? Entretanto, a animação também destaca as alegrias de ser uma família, de estar junto da pessoa amada e de desfrutar o que a vida – o que Deus – tem para nos oferecer enquanto estamos aqui. Nesse sentido, a família pode, de fato, nos ajudar a crescer na virtude.

"Se o Senhor não edificar a casa..."

"Se o SENHOR não edificar a casa, em vão trabalham os que a edificam", diz o Salmo 127:1. Mais uma vez, esse versículo indica que a chave para a virtude é encontrada somente em Deus. Uma família cristã sem Cristo em seu centro trabalhará em vão. Todavia, mesmo sem referências explícitas ao Cristianismo, ou a qualquer outra religião, *Procurando Nemo* é cheio de lições sobre a família. Será que nossos filhos sabem o quanto nós os amamos e que apenas queremos o melhor para eles? Talvez eles saibam, ou talvez não entendam muito bem as distâncias que às vezes percorremos a fim de protegê-los.

Será que estamos juntos de nossos filhos o suficiente, ou gastamos muito do nosso tempo em outros lugares: no trabalho, com amigos ou imersos em algo que não envolve a paternidade? Como Helena disse a Beto, o importante é a família e, se ele não tomar cuidado, perderá o tempo que tem com ela. Os filhos precisam que seus pais lhes ofereçam tempo longo e valoroso, e não simplesmente rápidos intervalos de atenção.

Pode parecer lugar-comum, mas os filhos crescem rápido. Será que queremos, no futuro, olhar para trás, para o tempo que passamos com nossos filhos, e perceber que gostaríamos de ter tido mais tempo com eles? Os filhos crescem e partem, por isso devemos aproveitar ao máximo o nosso tempo com eles, devemos ajudá-los em seu caminho para se tornarem o tipo de pessoa que Deus quer que eles sejam; devemos, enfim, ajudá-los a crescer em caráter de modo que possam fazer uma diferença positiva, tanto na vida das outras pessoas, como também no mundo.

No final, a família Pera perde quase tudo que tem valor material, incluindo a casa e os carros novos que Beto havia comprado. Nesse processo de perder tudo, no entanto, eles ganham algo mais importante: a aproximação e o amor únicos que apenas uma família pode fornecer.

Em *Procurando* Nemo, Marlin aprende muitas lições sobre como ser um pai enquanto Nemo cresce em confiança e descobre as profundezas do amor de seu pai. Em *Up – Altas Aventuras*, Carl perde Ellie, o amor de sua vida, mas no final se sente agradecido pela aventura do feliz tempo que passou junto com a amada. Não importa o quão simples possa parecer, o amor é sempre extraordinário – assim como também o é a família.

Questões para discussão

1. Com quais elementos de família você mais se identifica: com aqueles presentes em *Procurando Nemo*, em *Os Incríveis* ou em *Up – Altas Aventuras?*

2. Se você é pai ou mãe, em que lugar do espectro de superprotetor(a) ou tolerante você se encaixa? Você se parece mais com Marlin ou com Crush? Há um equilíbrio ideal entre esses dois modos de exercer a paternidade?

3. As pressões da vida diária têm um preço para todas as famílias. Considerando a perspectiva cristã da família, que tem Deus em sua base, de que maneira as famílias cristãs devem lidar com os desafios e com as provações?

4. A *Bíblia* apresenta Deus como Pai e os cristãos como seus filhos. O que você acha dos termos pai e filho em referência à nossa relação com Deus?

8

Coragem

Os Incríveis
"Cadê o meu uniforme?"

AÇÃO!

Os Incríveis

Data de lançamento nos Estados Unidos: 5 de novembro de 2004.

A história original do diretor Brad Bird para *Os Incríveis* retratava um personagem chamado Xerek como vilão principal e Síndrome em um papel secundário. Ao contrário da crença popular entre alguns fãs de *graphic novel*, *Os Incríveis* não foi inspirado em *Watchmen*, que também conta a história de super-heróis que foram forçados a se esconder, embora em um subúrbio mais obscuro.

Lúcio Barro está se arrumando para um jantar romântico com sua esposa. Um agradável jazz toca ao fundo enquanto o homem passa água de colônia no rosto. Entretanto, um barulho vindo do lado de fora muda seu estado de espírito. Ele olha pela janela de seu elegante apartamento em um arranha-céu em Metroville (imagine uma Nova York) e vê um robô gigante sendo perseguido por um helicóptero. Bastante confusão para uma noite tranquila. Sem hesitar, Lúcio pega um controle remoto e aciona um compartimento secreto que se abre na parede.

Ele não é quem aparenta ser. Lúcio é Gelado, um super-herói capaz de utilizar a umidade do ar para produzir gelo e congelar objetos. Mas algo está errado. Seu uniforme sumiu! "Querida", ele chama sua esposa, "Cadê o meu uniforme?!" Ele sai correndo pelo apartamento, ansioso para encontrar seu traje de super-herói e entrar na batalha contra o robô destrutivo conhecido como Omnidroid. Sua esposa não está contente: "Nem pense em sair por aí salvando o mundo agora. A gente combinou esse jantar tem dois meses!" Gelado está decidido: "As pessoas estão em perigo!". Mas sua esposa não cede, acrescentando: "A minha noite também!".

Gelado não para e pensa sobre as questões éticas que circundam a virtude da coragem, nem puxa da estante um livro sobre ética para consultar o que há escrito sobre esse assunto. Ele apenas reage, apenas sabe que deve fazer aquilo que é moralmente correto. Mas como ele fez isso? Seria um mero instinto nele enraizado pelos anos de trabalho como super-herói? Ou há algo a mais em sua coragem?

E quanto a nós? Não somos super-heróis. Seria a coragem apenas para aqueles que são extraordinários de alguma forma? Ou seria ela uma virtude diária que também podemos demonstrar? As chances de termos que enfrentar robôs gigantes são, podemos dizer, ínfimas! Porém, isso não nos impede de procurar entender e vivenciar a virtude da coragem.

As raízes da coragem

Uma das quatro virtudes cardeais, a coragem (força) era bastante estimada pelos antigos gregos juntamente com a justiça, a prudência (sabedoria) e a temperança. Diferente da covardia, que acaba entregando-se ao medo, a coragem o supera a fim de fazer aquilo que é moralmente correto. Admitindo a realidade da lei natural – segundo a qual Deus introduziu em nós um compasso moral –, a virtude da coragem está, em certo nível, enraizada em todos. Os atos de heroísmo e de altruísmo – ou seja, abnegação e atitudes possivelmente perigosas que promovem o bem-estar dos outros – acontecem por causa da realidade desta virtude. A seleção natural darwiniana, que enfatiza a sobrevivência do mais apto, não explica adequadamente esses atos. Na verdade, a coragem verdadeira costuma contrariar os princípios fundamentais da seleção natural. Em vez de enfatizar a autopreservação, os corajosos arriscam-se para ajudar os outros, a troco de nada além do crescimento do caráter moral. Um mundo sem coragem é um mundo movido pelo medo e pelo egoísmo.

Infelizmente, como ocorre com qualquer virtude, a coragem pode ser deturpada e transformada em um vício. Por exemplo, se um criminoso desenvolve coragem para continuar cometendo crimes, a pureza da coragem é desfigurada. Podemos dizer que o criminoso em questão tornou-se imprudente e ousado, mas isso não é o mesmo que a coragem enquanto virtude. Por sua própria natureza, a virtude busca o bem e não o mal.

Nos termos da *Bíblia*, a coragem é estabelecida em Deus e em Sua natureza. Não se trata apenas de controlar nossos medos por meio da nossa própria força, por assim dizer. Pelo contrário, a confiança em Deus e em Seus atributos deveria formar a base da coragem cristã. Deveríamos ser corajosos não pelas razões incorretas, como o orgulho com o intuito de chamar atenção para nós, mas sim por acreditarmos em Deus. A identidade também entra em cena na visão cristã sobre a coragem. Saber quem somos em Cristo é importante para que possamos desenvolver qualquer virtude cristã.

Compreender uma virtude é, via de regra, algo bastante simples. Todavia, vivenciá-la consistente e diariamente é, muitas vezes, algo difícil. Não podemos ter a expectativa de ler um artigo sobre coragem, ou mesmo um capítulo de um livro e, de repente, saber tudo o que precisamos sobre o que é ser corajoso. Quando o que está em pauta é cultivar virtudes fundamentais, o crescimento e o desenvolvimento em nossa vida espiritual levam tempo. Infelizmente, nem sempre seremos vitoriosos. Algumas vezes, francamente, não agiremos de maneira virtuosa. O objetivo nessa vida não é a perfeição, mas a prática em nosso cotidiano e, com o tempo, essa prática nos ajudará a fazer as escolhas morais corretas quando tivermos a oportunidade.

A coragem segundo a Pixar

Então, o que os filmes da Pixar têm a nos ensinar sobre coragem? Muita coisa. Em *Toy Story 1*, Woody aparece com um plano corajoso para salvar Buzz das armadilhas destrutivas do vizinho problemático, Sid, que se diverte torturando brinquedos. Em *Toy Story 2*, Woody arrisca sua própria vida para bravamente salvar o pinguim Wheezy, que havia sido colocado à venda por 25 centavos em uma feira de artigos de segunda mão, realizada no jardim da casa de Andy.

Em *Monstros S.A.*, um monstro ajuda o outro a criar coragem dizendo-lhe, "Controle-se, amigão!". WALL-E, o robô brincalhão, pode não compreender exatamente o que faz, mas seu comportamento ilustra a virtude da coragem quando ele persegue a robô EVE, agarrando-se desesperadamente em uma espaçonave prestes a partir. Em *Up – Altas Aventuras*, podemos questionar os métodos de Carl Fredricksen, mas sua vontade de realizar os desejos de sua esposa certamente é corajosa.

Neste capítulo, exemplos de coragem extraídos de *Os Incríveis*, *Vida de Inseto* e *Carros* atenderão nossos propósitos.

Coragem incrível

Uma vez que gira em torno de super-heróis, ou *Supers*, como são chamados no filme, a animação *Os Incríveis* está repleta de expressões de coragem e heroísmo. A ação é surpreendente desde a sequência de abertura, que mostra Beto Pera (o Sr. Incrível) no auge de sua carreira – perseguindo criminosos armados, salvando um homem que havia saltado de um prédio, parando um trem em direção a uma queda horrível e até mesmo resgatando o gatinho Bichano, que ficara preso em uma árvore. Mais tarde, o Sr. Incrível junta as forças com Gelado para salvar as pessoas de um prédio em chamas, derrotar um protótipo do Omnidroid e perseguir implacavelmente a verdade por trás dos planos abomináveis do vilão Síndrome.

No entanto, Beto não é o único Super a demonstrar coragem. Sua esposa, Helena, era a Mulher Elástica, uma *Super* com a habilidade de esticar o corpo incrivelmente. Quando suspeita que seu casamento está em perigo, assim como a vida de Beto, Helena toma a corajosa atitude de ir procurá-lo. Nessa busca, ela acaba parando na ilha de Síndrome (inteligentemente chamada de *Nomanisan Island*, uma referência ao famoso verso do poeta inglês John Donne "Nenhum homem é uma ilha"). Depois de se certificar de que os filhos, que tinham embarcado escondidos no avião, estão bem, a Mulher Elástica parte para uma investigação pelo complexo de Síndrome, onde ela encontra e resgata o Sr. Incrível. Unido novamente, o casal se junta com os filhos para continuar a batalha contra Síndrome e finalmente reunir forças em Metroville para derrotar o Omnidroid aparentemente incontrolável.

Todavia, não são com esses evidentes atos de coragem – heroicos e grandiosos – que muitos de nós, meros mortais, podemos nos identificar. Eles servem para nos trazer bastante ação e entretenimento, mas a virtude da coragem não nos penetra muito fundo nessas cenas. Em vez disso, é a coragem do dia a dia, demonstrada em um nível prático em *Os Incríveis*, a que chama nossa atenção.

O Sr. Incrível, um ex-*Super* que deseja a volta dos dias de glória do auge de sua carreira, é forçado a se esconder como resultado do Programa de Recolocação dos Super-heróis promovido pelo governo. Quinze anos mais tarde, enquanto lida com algo que se parece com uma crise de meia-idade, Beto está preso em um emprego sem futuro. Ele está infeliz e insatisfeito, mas continua trabalhando, dia após dia, não para si, mas para o bem da esposa e dos três filhos que dependem dele.

Podemos até achar que esse comportamento de Beto não é corajoso, mas, na verdade, ele o é. Certamente não se trata do tipo de coragem espetacular que podemos observar quando o Sr. Incrível está em cena, mas essa atitude de Beto demonstra resistência – a vontade de querer suportar adversidades por uma causa maior que, nesse caso, é sua família. Quase no final do filme, Beto aprende algumas valiosas lições sobre sua identidade e sua família. Quando os Pera ficaram presos e impotentes na invenção de Síndrome, construída para prender os *Supers* com poderosas correntes de energia, Beto começa a se desculpar, responsabilizando-se por ter sido "um péssimo pai... tão obcecado por não me desvalorizar que acabei desvalorizando vocês." Apontar as falhas dos outros é fácil, porém, é preciso coragem para admitir os próprios erros.

Infestado de coragem

Já nos referimos ao tema da justiça em *Vida de Inseto*, mas a busca pela justiça quase sempre requer coragem. Corrigir o que está errado nem sempre é fácil ou agradável. O objetivo de agir virtuosamente, todavia, não está em fazer que nos sintamos bem ou em tornar as coisas mais fáceis em nossas vidas. Na verdade, fazer a coisa certa é, com frequência, algo difícil. Como *Vida de Inseto* mostra, a coragem pode se manifestar tanto individual como coletivamente.

Individualmente, a coragem é melhor representada por Flik, uma formiga simples, criativa e estabanada que deseja sinceramente o que há de melhor para sua colônia. Porém, demora um tempo para que sua coragem e confiança cresçam. O primeiro exemplo da coragem de Flik aparece logo após a visita dos furiosos gafanhotos à colônia, quando descobrem que as formigas não têm a oferenda, como chamam a comida.

Enquanto a colônia de formigas se esconde, os gafanhotos, acostumados a fazer as coisas à sua maneira e com a intenção de espalhar o medo, invadem o formigueiro. Os opressores fazem aquilo que melhor sabem fazer – intimidar os fracos e pequenos. Hopper, o líder, cruza os quatro "braços" nas costas e começa a andar de um lado para o outro, encarando as formigas apavoradas. "E aí, cadê?", pergunta ameaçadoramente, referindo-se à oferenda esperada. Quando Hopper agarra a pequena princesa Dot, ninguém se move, já que todos estão muito assustados. Apenas uma formiga tem coragem de dizer alguma coisa. Flik sai de trás da multidão e esbraveja contra Hopper, "Para com isso!". Sua coragem não dura muito, já que o opressor amedronta Flik, tornando-o novamente submisso. Porém, assim como em cada um de nós, a tendência à coragem está dentro de Flik – "infestando-o", por assim dizer. Levará algum tempo até outro evento acontecer para despertar sua coragem, impelindo-o a fazer uma diferença verdadeira.

O plano de Flik para salvar a colônia se torna literalmente quente quando um pássaro de mentira pega fogo por causa de P.T. Pulga. Hopper novamente oprime Flik, mas, dessa vez, uma simples reprovação não é o suficiente. Usando os músculos de seu assistente maluco, o gafanhoto Thumper, Hopper derrota Flik. Apesar de estar fraca e ferida, a formiga tem a coragem de se opor a Hopper, que está ocupado humilhando a comunidade. "Formigas não foram feitas para servir aos gafanhotos", diz Flik. E ele continua, enfrentando Hopper enquanto o resto do formigueiro observa estarrecido.

A coragem individual de Flik logo cresce e se torna coletiva quando a colônia começa a murmurar, avaliando as palavras que ele disse. Quando Hopper está prestes a esmagar a cabeça de Flik, a Princesa Atta demonstra sua parcela de coragem ao se colocar em frente a Hopper. Agora a colônia inteira está furiosa e determinada a lutar contra os gafanhotos, caso seja necessário. Dessa vez, são os gafanhotos que ficam na defensiva, grandemente superados em número pelas formigas. A batalha pela justiça das formigas se inicia e, felizmente, é bem-sucedida.

Abastecendo nossa coragem

Na animação *Carros*, a Pixar oferece outro retrato da coragem. Relâmpago McQueen não é especialmente corajoso, mas, no fim do filme, certamente podemos notar um crescimento em seu caráter. Antes um carro de corrida arrogante com nada em mente além do desejo de ganhar a corrida decisiva da Copa Pistão, Relâmpago agora tem outras coisas em que pensar – assuntos como seus amigos e o que aprendeu com eles sobre a coisa certa a se fazer (ver Capítulo 9). Na volta final, "O Rei" Strip Weathers (estrela da Dinoco que está prestes a se aposentar) segue na liderança. Chick Hicks, um competidor disposto a utilizar quaisquer meios para vencer, ocupa a segunda posição. Em terceiro está Relâmpago McQueen, que acelera e logo assume a liderança, deixando "O Rei" em segundo e Hicks em terceiro lugar.

Chick não está contente. Correr à sombra de Strip Weathers não é algo que ele gostaria de fazer. "Não vou chegar atrás de você outra vez, velhote", rosna Hicks, que por muito tempo correu atrás de Weathers. Jogando sujo novamente, Hicks bate contra o Rei, fazendo-o sair da pista e da corrida. Enquanto isso, Relâmpago assume uma liderança confortável. Sua vitória na Copa Pistão está garantida. Afinal de contas, o triunfo é o que ele desejou mais que qualquer coisa. Apesar disso, ele fica preocupado quando vê no enorme telão a imagem de Strip Weathers todo danificado. Nesse momento, Relâmpago se recorda da fotografia de Doc Hudson, também conhecido como Hudson Hornet, em um velho jornal, em que aparece bastante danificado, derrotado e praticamente esquecido. Apesar de tê-lo conhecido há apenas pouco tempo, Relâmpago sabe da dor que Hudson sofreu pelos anos seguintes por causa do grave acidente durante a corrida.

Segundos antes de a bandeira xadrez anunciar sua primeira vitória na Copa Pistão, Relâmpago toma uma decisão corajosa. Ele para a apenas alguns metros da linha de chegada, deixando Hicks ultrapassar e vencer. Relâmpago então se dirige a Strip. "Acho que 'O Rei' tem que terminar sua última corrida", diz Relâmpago, enquanto empurra Weathers em direção à linha de chegada.

"Mas Relâmpago não quer vencer a corrida? Ele acabou de desistir da Copa Pistão", contesta Weathers. "É só uma taça vazia", responde Relâmpago, ecoando as palavras de Doc Hudson, que agora compreende muito bem a diferença entre ter troféus e ter amigos.

Ao mesmo tempo, Hicks está ocupado dando voltas na grama, comemorando sua vitória, mas ninguém se importa (mais tarde ele é vaiado e expulso do palco). Todos observam enquanto Relâmpago empurra "O Rei" para o segundo lugar e assume o posto de terceiro (e último) colocado. Uma grande onda de aplausos preenche o estádio. Por quê? Porque o carro teve a coragem de fazer algo extraordinário, não por si, mas por alguém que precisava de ajuda. Relâmpago não venceu a corrida, mas, ironicamente, conquistou a vitória por meio da derrota. Quando recebe a proposta de patrocínio da influente Dinoco, Relâmpago a rejeita, optando por continuar com a Rust-eze, como uma forma de agradecimento pela primeira oportunidade de competir. Ao aproximar-se de seus amigos, a voz grave de Doc Hudson (dublado por Paul Newman na versão em inglês e por Daniel Filho na versão brasileira) faz uma observação: "Você tem muito caráter, menino". Sim, de fato ele tem muito caráter – e isso inclui a coragem.

Seja forte e corajoso

"Seja forte e corajoso" (Deuteronômio 31:6-7, 23; Josué 1:6-7, 9, 18), diz o chamado de Deus. Mas como? Não podemos simplesmente colocar um dispositivo de virtudes nas costas, escolher o traço moral mais adequado à nossa situação e, de repente, nos tornarmos corajosos. Em vez disso, tomar decisões éticas corretas é o resultado de vários fatores, na base dos quais está nossa sólida fundação em Cristo e nosso desejo de servir a Ele honrosamente. Também devemos praticar as virtudes regularmente, sem negar a diferença que isso fará em todo nosso caráter, já que mesmo as pequenas escolhas contribuirão para nossa natureza de ponta à ponta (para o melhor ou para o pior). E, como "praticamos" as virtudes? Realizando um esforço consciente para fazermos as melhores escolhas éticas todas as vezes que nos depararmos com tais decisões.

A menos que tenhamos um emprego em que as oportunidades para demonstração pública de coragem e de heroísmo estejam disponíveis regularmente – como policiais, bombeiros ou soldados – muitos de nós sequer se encontrará em uma situação na qual poderá demonstrar esse tipo de coragem. Certamente não nos veremos no papel de alguém que precisa derrotar um Omnidroid, parar um trem em direção a um desastre com apenas nossa força física ou nos levantar em defesa de uma colônia de formigas oprimidas. Isso não quer dizer, todavia, que em nossa vida cotidiana não nos deparamos com situações que requerem coragem. Talvez fiquemos tentados a contar uma mentira em vez da verdade ou a tomar uma decisão errada, embora popular, que evitará o desprezo ou a gozação. Precisamos nos lembrar, acima de tudo, de que o fundamento básico de nossa coragem é a confiança em Deus, e não em nós mesmos ou nos outros.

É fácil ser um covarde – fugir da responsabilidade, esconder-se do perigo, recusar-se a admitir as próprias fraquezas e falhas. Contudo, a covardia em tais situações não é a escolha certa. Devemos sempre optar pela coragem. Relâmpago McQueen tinha uma escolha para fazer: ele poderia ter continuado e vencido a Copa Pistão, mas, em uma questão de segundos, ele tomou a corajosa decisão de voltar e ajudar o danificado Strip Weathers.

Fazer escolhas moralmente corretas muitas vezes não é fácil. Na verdade, normalmente esse é um processo difícil, já que nos lança desafios. Porém, se este mundo, em parte, é um campo de treinamento moral, preparando-nos para a eternidade, então precisamos fazer nosso melhor para aprender o que pudermos sobre as virtudes que Deus deseja que cultivemos no nosso interior. Precisamos fazer escolhas morais que não são necessariamente apropriadas, mas sim aquelas que são corretas.

Por sua própria natureza, a coragem individual nos retira do grupo. Nem sempre é popular ir contra os outros, chamar atenção, dizer e fazer coisas que são incomuns. Os heróis da história, todavia, são lembrados por apenas esses tipos de ação. Os reformistas morais chamam atenção, seja William Wilberforce opondo-se à escravidão, Mahatma Gandhi exercendo a desobediência civil pelo bem dos Direitos Civis, Madre Teresa servindo aos necessitados ou outros incontáveis exemplos que temos de heróis corajosos. As ideias também podem ser corajosas e nos elevar contra o *status quo*.

Vale a pena uma última observação sobre a derrota de Relâmpago McQueen na Copa Pistão. O mundo tende a ter uma definição distorcida sobre a vitória, mas a perspectiva de Cristo é um tanto quanto radical: "Porque qualquer que quiser salvar a sua vida, perdê-la-á, mas, qualquer que perder a sua vida por amor de mim e do evangelho, esse a salvará. Pois, que aproveitaria ao homem ganhar todo o mundo e perder a sua alma?" (Marcos 8:35-36). Se perdermos tudo, ainda assim teremos a Cristo, e isso é tudo o que precisamos para vencer.

Questões para discussão

1. Lúcio Barro está se preparando para um jantar tranquilo com sua esposa quando repentinamente seus confortáveis planos são interrompidos. Algumas vezes, nossos planos também são interrompidos. No entanto, será que essas "interrupções" que ocorrem em nossas vidas realmente são interrupções? Talvez Deus tenha para nós outros planos, planos esses que nos chegam por meio do que consideramos interrupções. Da próxima vez que for interrompido, reserve algum tempo para refletir sobre o que Deus poderia querer lhe ensinar e sobre como você poderia agir virtuosamente nessa situação. O que você poderia fazer para se preparar melhor para as "interrupções" de Deus?

2. A *Bíblia* nos chama para sermos "fortes e corajosos". Qual é o fundamento de nossa coragem? Explique.

3. Relâmpago McQueen desistiu da Copa Pistão para corajosamente fazer a coisa certa. Ao lidar com situações difíceis, o que você pode fazer para vivenciar melhor as palavras de Cristo em Marcos 8:35: "Porque qualquer que quiser salvar a sua vida, perdê-la-á, mas, qualquer que perder a sua vida por amor de mim e do evangelho, esse a salvará"? Como você explicaria esse versículo e outras passagens análogas? Veja Mateus 16:25, Lucas 9:24 e João 12:25.

4. Pense em um reformista moral que você admira. Por que sente admiração por essa pessoa? Quais atributos morais dessa pessoa você poderia imitar?

9

Aventura

Carros

"A vida é uma jornada."

AÇÃO!

Carros

Data de lançamento nos Estados Unidos: 9 de junho de 2006.

Em apenas alguns anos, o filme de animação *Carros* faturou mais de 5 bilhões de dólares somente com a venda de produtos publicitários. Esse é um número espantoso, levando em conta que a franquia de *Star Wars*, com seis filmes *live-action* que tiveram sua produção iniciada em 1977, obteve 9 bilhões de dólares na venda de seus produtos ao longo de mais de trinta anos. Considerando esses números, não é de se surpreender que uma sequência de *Carros* tenha sido anunciada para o segundo semestre de 2011.

Planejamos as aventuras ou elas simplesmente acontecem de maneiras inesperadas? Relâmpago McQueen é um bem-sucedido carro de corrida da Copa Pistão, um novato ambicioso focado em apenas uma coisa: vencer. Sua aventura está planejada. Ele disputará e ganhará a corrida, tornando-se o melhor; subirá o nível de seu patrocínio, trocando a Rust-eze, uma empresa de lubrificantes para para-choques, pela influente Dinoco. A vida será perfeita – ou pelo menos é o que ele pensa. Enquanto é transportado para a Califórnia para uma corrida de desempate, Relâmpago acidentalmente é deixado para trás na metade do caminho. Sozinho no meio de uma movimentada rodovia interestadual, McQueen entra em pânico, fica desnorteado, atravessa imprudentemente um cruzamento de linha ferroviária, quase é pego por um trem e acaba parando na Rota 66. Um mal-entendido resulta em Relâmpago fugindo de um carro policial e parando na esquecida e pacata cidade de Radiator Springs, onde causa um vasto dano ao, inadvertidamente, sair arrastando pela rua principal uma estátua de Stanley, o fundador da cidade, destruindo a estrada.

Os moradores da cidade vivem em ritmo lento e cuidadoso – nada parecido com o que Relâmpago está acostumado a ver no circuito da Copa Pistão. Seus planos de chegar antecipadamente na Califórnia para convencer Dinoco a ser sua patrocinadora são apagados quando McQueen se vê preso em um terreno cercado e sentenciado a consertar os estragos que causara em Radiator Springs. Relâmpago não está nada contente. A princípio, ele não vê sua aventura inesperada como uma aventura de fato, mas como um incômodo – um custoso atraso para seus planos de carreira. Ele se torna amargurado, furioso, sarcástico e nada amigável. Embora seu roteiro seja um belo clichê do tipo "peixe-fora-d'água" e faça alguns paralelos com a comédia romântica *Dr. Hollywood – Uma Receita de Amor* (1991), *Carros* traz à tona o espírito de aventura transmitido em um dos *slogans* criados para o filme: "A vida é uma jornada. Aproveite a viagem".

Relâmpago, entretanto, acaba aprendendo muito em seu exílio acidental. Sua passagem por Radiator Springs lhe ensina, por fim, sobre identidade, amizade, coragem, ambições inadequadas e, obviamente, aventura.

De fato, a vida é uma jornada. Muitos de nós, porém, falhamos em aproveitá-la como consequência de nossas próprias ideias e ideais inadequados. Talvez sejamos pegos pelos desafios diários da vida, talvez nos concentremos demais no trabalho ou estejamos muito ocupados para diminuir a marcha e simplesmente "aproveitar a viagem" que Deus nos reservou. Qualquer que seja o caso, compreender a aventura nos ajudará a entender melhor a vida.

Aventuras insólitas

Provavelmente podemos nos lembrar de alguns momentos de nossas vidas em que já experimentamos aquilo que chamaríamos de aventura. Talvez tenha sido uma viagem, a exploração de uma parte desconhecida do país ou algo um pouco arriscado, mas, ao mesmo tempo, muito divertido. A *aventura* é, por definição, incomum. Geralmente, ela não é vista como aquela velha e repetida atividade que estamos acostumados a realizar dia após dia. Em determinado nível, a aventura envolve riscos, e riscos nos expõem a incertezas. Apesar dos vários graus de perigo aos quais somos expostos pela aventura, a maioria das pessoas pensa que os aspectos positivos da aventura se sobrepõem aos riscos.

A *Bíblia* está cheia de aventuras. A maior parte delas está dentro do contexto de obediência a Deus, apesar das restrições e incertezas humanas. Quando Moisés encontra um arbusto em chamas e escuta a voz de Deus, ele hesita e até inventa desculpas para justificar que aquela não é a melhor escolha para os planos de Deus. E, bem em frente de Moisés, está uma grande aventura que, no fim, liberta seu povo da escravidão (ver Êxodo 3 e seguintes). Entretanto, não se trata apenas de diversão e exaltação. Existem obstáculos, desafios, adiamentos e desapontamentos. A fé de Moisés estremece, assim como a fé dos israelitas de tempos em tempos. Deus chama cada um para uma vida cheia de aventura, mas não necessariamente para o tipo de aventura que esperamos ter. Na verdade, com frequência é o tipo de aventura que *não* temos em mente que, ironicamente, pode vir a acontecer conosco.

Aventurar-se não se é apenas sair pelo mundo afora. Podemos viver uma aventura intelectual ou passar por um conflito interno que nos guia a uma aventura. Podemos, ainda, levar uma vida aparentemente prosaica que, na verdade, seria uma aventura extraordinária se reservássemos um momento para parar e observá-la com mais atenção.

Em *Os Incríveis*, quando o Sr. Incrível e sua família são mantidos presos pelo vilão Síndrome, Beto se sente arrependido. Admitindo suas falhas recentes como marido e como pai, suas palavras são bastante significativas: "Vocês são minha maior aventura, e eu quase os perdi". A vida com a família é uma aventura, mas nem sempre a vemos como tal.

E como a aventura equivale a uma virtude? Normalmente, a aventura não é vista como uma virtude porque, muitas vezes, ela não requer que demonstremos altos valores morais em particular. Algumas aventuras podem, na verdade, ser o oposto da virtude. Em termos bíblicos, a aventura equivale a uma virtude quando nos vemos confiando em Deus e fazendo o que nos foi designado. Quando agimos dessa forma, a vida realmente se torna uma jornada e podemos curtir a viagem.

As aventuras segundo a Pixar

O que é um filme sem aventuras? Provavelmente não é um bom filme. Felizmente, as produções da Pixar estão cheias de aventuras. *Toy Story 1* traz Buzz e Woody perdidos, em uma aventura no Planeta Pizza e, mais tarde, na casa de Sid. Em *Vida de Inseto*, Flik, que tenta não parecer um inseto rural, parte em uma jornada para encontrar guerreiros que ajudem sua colônia.

Toy Story 2 começa com uma aventura espetacular de Buzz Lightyear tentando derrotar o malvado Zurg, que acaba se mostrando, na verdade, apenas uma sequência de videogame. Porém, isso não impede os brinquedos de passarem por outras aventuras ao resgatar Woody do colecionador de brinquedos Al McWhiggin e ao tirar Jessie do porão de carga de um avião com destino ao Japão.

Em *Monstros S.A.*, encontramos Sulley e Mike em uma aventura para ajudar uma criança humana, Boo. Eles arriscam seus empregos durante o processo e também expõem os planos diabólicos de Waternoose e Randall, que planejam extrair à força os gritos das crianças.

Os Incríveis, *Ratatouille*, *WALL-E* e outros filmes da Pixar também apresentam suas parcelas de aventura. Todavia, para nossos propósitos, vamos explorar o tema da aventura em *Up – Altas Aventuras* e *Procurando Nemo*.

"A aventura está lá fora!"

Sem dúvidas, o filme da Pixar com as referências mais evidentes à aventura é *Up – Altas Aventuras*. A sequência inicial é toda sobre Charles Muntz, um explorador que viaja o mundo em seu enorme balão dirigível chamado de *Espírito de Aventura*. "A aventura está lá fora!", proclama Muntz entusiasmado. Sua personagem exuberante e suas aventuras heroicas inspiram toda uma geração de crianças, incluindo o jovem Carl Fredricksen e sua futura esposa, Ellie. A garota chega a montar seu próprio clube, onde "Somente exploradores podem entrar!".

Mais tarde, Ellie compartilha seu livro de aventuras com um Carl impressionado. O *Meu Livro de Aventuras*, como se chama, está cheio de "coisas que vou fazer", e representa uma peça-chave na decisão que Fredricksen toma de embarcar em uma aventura muitos anos mais tarde, depois da morte de Ellie.

É evidente que Carl sente saudades de sua esposa. A vida do casal não os levou para a América do Sul, como sonharam um dia, mas, ainda assim lhes trouxe momentos inesquecíveis de amor e alegria. Depois de perder sua esposa, Carl se torna um velho rabugento e sem esperanças em vários sentidos. Arranha-céus vão sendo erguidos ao redor da curiosa casinha que ele dividiu com Ellie por tantos anos, ao mesmo tempo em que ações legais ameaçam interná-lo no asilo Shady Oaks. Carl folheia as páginas do livro de aventuras de Ellie e vê um desenho de sua casa bem ao lado do Paraíso das Cachoeiras.

Disposto a realizar a vontade de Ellie, Fredricksen embarca na aventura de sua vida. Ele amarra tantos balões em sua casa que ela levanta voo e o leva para uma jornada com destino à América do Sul. Curiosamente, Carl está vivendo essa aventura por Ellie, e não por si mesmo. Todavia, durante o caminho, ele acaba tendo sua própria aventura.

Quando finalmente chega ao Paraíso das Cachoeiras e aterrissa sua casa no ponto que vira no desenho de Ellie, Carl se senta para olhar o livro de aventuras mais uma vez. Entretanto, dessa vez o velho homem encontra algumas páginas que não havia visto antes – páginas dedicadas à vida de Ellie com ele. No final, Carl lê uma mensagem: "Obrigada pela aventura. Agora, vá ter uma nova!". O homem finalmente entende que, apesar de Ellie nunca ter viajado para a América do Sul, visitado o Paraíso das Cachoeiras ou conhecido seu herói Charles Muntz, ela ainda assim viveu uma aventura: a vida com ele. Esse não era o tipo de aventura que Carl esperava.

O que mais importa não é necessariamente embarcar em uma jornada perigosa a lugares exóticos. Às vezes, nossas maiores aventuras estão bem diante de nós. Tudo o que temos de fazer é parar para observar. A vida que Deus nos preparou pode estar cheia de aventuras, mesmo que não a enxerguemos dessa forma. Precisamos abrir nossos olhos para o que poderíamos chamar de *aventuras prosaicas* – os desafios diários com que nos deparamos e que superamos, desafios como o nosso trabalho, o envolvimento com a Igreja, o tempo com a família e incontáveis outros eventos aparentemente triviais.

A aventura de ser pai

De que maneira a *Odisseia* de Homero é similar a *Procurando Nemo*? As obras não são idênticas, mas existem, sim, algumas semelhanças entre elas. Odisseu, também conhecido como Ulisses, passa anos após a Guerra de Troia em uma jornada que o reunirá à sua família. Marlin também está em uma aventura – em uma odisseia – que o reunirá com seu filho desaparecido, Nemo. O que move a aventura de Marlin não é seu espírito aventureiro. Para falar a verdade, ele possui o oposto do espírito aventureiro, preferindo a segurança e a familiaridade em sua pacata anêmona aos perigos do mundo lá de fora. Como o *hobbit* Bilbo Bolseiro costumava dizer sobre seu sobrinho Frodo, "Atravessar a porta de casa é algo perigoso [...] Você pisa na estrada e, se não ficar atento, não há como saber para onde poderá ser levado".[1]

Assim como Carl, contudo, Marlin não é impulsionado por um desejo de aventura. Pelo contrário, sua aventura começa inesperadamente, como um desdobramento de sua jornada para encontrar Nemo. Também como em *Up – Altas Aventuras*, a aventura em *Procurando Nemo* é incitada pelo amor, desdobrando-se de maneiras

---

[1]TOLKIEN, J. R. R. *O Senhor dos anéis*. São Paulo: Martins Fontes, 2001. [*The Fellowship of the Ring*. New York: Ballantine Books, p.110. (edição em inglês)].

que Marlin nunca poderia ter imaginado e, durante esse processo, ajudando-o a se tornar um pai melhor.

Qualquer pai dirá que a paternidade é uma aventura. Em suas manifestações diárias, a paternidade normalmente não envolve viagens à América do Sul, encontros com tubarões famintos ou voos em balões de gás hélio, mas isso não a torna uma aventura menor. A paternidade é uma alegria, um desafio, uma responsabilidade e também um deleite. A aventura do peixe-palhaço debaixo d'água nos ajuda a observar tal fato de uma perspectiva diferente.

No início de *Procurando Nemo*, Marlin está paranoico por conta do primeiro dia de Nemo na escola, demonstrando sua típica atitude superprotetora. Ao final do filme, é possível perceber que Marlin aprendeu algumas importantes lições. Sua aventura o apresenta a vários indivíduos e ele aprende muito com cada um deles. Com sua amiga Dory, a peixe-anjo desmemoriada, Marlin aprende a ter fé; com Crush, a tartaruga-do-mar, ele aprende que, às vezes, é melhor deixar os filhos passarem por aventuras e superarem os desafios sozinhos.

Além disso, o peixe-palhaço também aprende a se divertir durante uma aventura em vez de enxergar tudo como sendo algo negativo ou como um perigo em potencial. Quando está escapando das águas-vivas, Marlin diz, "Vamos desafiar a morte... é isso aí... e brincar ao mesmo tempo. Eu vou conseguir... com cuidado...". Quando finalmente Nemo está a salvo e de volta, o peixe pai demonstra as novas atitudes que aprendeu durante suas aventuras. Em vez de ficar preocupado quando Nemo vai à escola, dessa vez Marlin diz a seu filho, "Agora vá viver uma aventura!". O peixe-palhaço continua sendo um pai zeloso, mas agora permite que o filho aprenda e cresça como indivíduo.

Aproveitando a viagem

John Lasseter, diretor de criação da Pixar, disse que a história por trás do filme *Carros* foi inspirada em sua própria vida.

Lasseter trabalhou por longas horas em *Toy Story 2* e em *Vida de Inseto* quando Nancy, sua esposa, lembrou-lhe da importância de passar tempo com seus cinco filhos: "Tome cuidado. Um dia você vai acordar e os meninos terão ido para a faculdade, e você vai perceber que deixou de passar vários momentos especiais ao lado deles". Após terminar *Toy Story 2*, Lasseter tirou férias de verão e saiu em uma viagem de carro de dois meses, cruzando os Estados Unidos com sua família. Como ele mesmo recorda: "Reatei os laços com minha família de um jeito que não tinha sido capaz de fazer por muito tempo. Estar junto com eles na estrada, viver essa grande aventura dirigindo pelas pequenas rodovias e indo para onde o vento nos levava, tudo isso me fez perceber que a jornada realmente é a recompensa".[2]

A aventura pode estar nos lugares mais inesperados. Talvez em mudar para uma casa nova, começar em um emprego diferente, terminar o colégio ou a faculdade, esperar o casamento ou o primeiro filho ou neto. Todas essas experiências são permeadas por uma aventura diária que, muitas vezes, deixamos passar ou não enxergamos como uma aventura.

Será que existe um Paraíso das Cachoeiras para onde almejamos viajar, achando que somente assim estaremos vivendo uma aventura *de verdade*? Talvez iremos para o nosso Paraíso das Cachoeiras; talvez, não. Em todo caso, a aventura está lá fora, frequentemente mais próxima do que imaginamos.

Próximo do fim de *Toy Story 2*, Buzz pergunta a Woody se ele ainda está preocupado com a possibilidade de Andy crescer e se desfazer de seus brinquedos. "Que nada", diz Woody. "Será divertido enquanto durar. Além disso, quando tudo isso acabar, eu terei o velho Buzz Lightyear para me fazer companhia... para o infinito e além!". Woody aprendeu a curtir sua jornada e a não se concentrar obsessivamente no que pode vir a acontecer ao longo do tempo.

---

[2]PAIK, Karen. *To Infinity and Beyond! The Story of Pixar Animation Studios*. San Francisco: Chronicle Books, 2007. p. 258-59.

O Cristianismo é uma aventura, embora provavelmente nem sempre o consideremos dessa maneira. Trata-se, obviamente, de uma jornada espiritual que pode não nos levar a alguma terra distante e exótica (apesar de isso ser possível), mas há muitos fatores relacionados a um cristão que têm afinidade com o conceito de aventura. Em Atos 9:2, aprendemos que o Cristianismo também era conhecido como "o Caminho". Derivado da palavra grega *hodos*, "o Caminho" referia-se literalmente a uma estrada ou rota – um caminho para partir de um ponto A e chegar a um ponto B. Em termos mais amplos, o Cristianismo como "o Caminho" refere-se à vida cristã como um todo.

O que nos impede de viver a aventura que Deus planejou para nós? *Nós mesmos*. Não queremos assumir o risco que está diante de nós, não queremos acreditar em Deus ou estamos incertos ou talvez envergonhados de seguir o caminho que Ele colocou na nossa frente. Em resumo, trata-se de uma questão de fé. Se realmente acreditamos em Deus em um nível fundamental, então a aventura que Ele nos preparou é algo de que deveríamos desfrutar. Não aproveitá-la, todavia, não nos torna perdedores – isso apenas significa que somos humanos.

Como vimos, mesmo os heróis bíblicos como Moisés tiveram dificuldades com as aventuras preparadas por Deus. O segredo, portanto, é superar nossos medos e nossas restrições, tomando como base da natureza resoluta, os atributos e as promessas de Deus. Muitas vezes, é mais fácil falar do que fazer. Uma tentativa de começar a crer em Deus é seguir o conselho que Jesus Cristo nos dá em Mateus 6:33: "Mas, buscai primeiro o reino de Deus, e a sua justiça".

Questões para discussão

1. Você consegue pensar em pelo menos uma coisa que lhe impede de apreciar a aventura que Deus reservou para a sua vida? Quais passos você poderia dar para superar esses obstáculos?

2. As aventuras frequentemente são inesperadas, como no caso de Relâmpago McQueen, na animação *Carros*. Existem "áreas" de sua

vida em que você está se movendo tão rápido que pode ser que não esteja aproveitando a jornada? O que pode fazer para diminuir o passo nessas "áreas"?

3. John Lasseter fez uma viagem de carro com a família e percebeu que "a jornada realmente é uma recompensa". Como você pode aproveitar melhor a aventura com a sua família?

4. O que é o seu "Paraíso das Cachoeiras"? Em outras palavras, o que você enxerga como a grande aventura de sua vida? Como você chegará lá? Você acha que ela é parte da aventura que Deus lhe preparou?

5. Pense em algo aparentemente trivial que fará nessa semana. O que você pode fazer para encarar essa atividade como algo que tenha potencial para se tornar uma aventura? De que maneira você pode mudar sua atitude para buscar uma aventura em lugares inesperados?

10

Ambição

Ratatouille

"Eu quero fazer coisas."

AÇÃO!

Ratatouille

Data de lançamento nos Estados Unidos: 29 de junho de 2007.

Os críticos e o público ficaram um pouco descrentes com relação ao filme da Pixar que estrelava um rato que gostava de cozinhar. Isto pode explicar o fato de *Ratatouille* ter tido o final de semana de estreia menos rentável da Pixar desde *Vida de Inseto* (1998). Por fim, entretanto, *Ratatouille* arrecadou mais de US$ 624 milhões em todo o mundo, tornando-se o quarto filme da Pixar mais rentável até hoje, ao lado de *Procurando Nemo* (US$ 866 milhões), *Up – Altas Aventuras* (US$ 711 milhões) e *Os Incríveis* (US$ 635 milhões). Indicado para cinco categorias no Oscar, *Ratatouille* ganhou o prêmio de Melhor Filme de Animação, provando que um roedor devidamente animado, combinado com uma história bem-sucedida pode, de fato, ganhar a Corrida do Queijo.

Alfredo Linguini teve uma vida difícil. Órfão e sem conseguir se manter em um emprego estável, ele timidamente vai ao restaurante de Gusteau, em Paris, na esperança de encontrar trabalho. Lá, recebe uma oferta para trabalhar retirando o lixo e rapidamente a aceita. Entretanto, as coisas no mundo de Linguini logo saem da rotina quando um rato aparece na cozinha. Todavia, não se trata de um roedor qualquer: Remy é um rato extraordinário que ama a boa comida e tem vontade de cozinhar. O ratinho consegue transformar em uma deliciosa sopa a comida que Linguini estragara depois de adicionar diversos ingredientes quando ninguém estava olhando. Enquanto Skinner, o chef, está repreendendo Linguini, todo mundo entra em pânico quando vê um rato. O tímido Linguini, então, captura Remy em um frasco e pergunta ao chef: “O que eu faço agora?”. Skinner não hesita: “Mata!... Leva ele para bem longe daqui, bem longe! Mata ele! Se livra dele! Anda logo”.

Linguini, então, encontra-se vagando pelas ruas de Paris durante a noite, em sua bicicleta. Sua missão é matar o rato. Ele para junto ao rio Sena e, com um olhar triste, leva o frasco até a borda e olha para a água correndo abaixo. Remy está em choque, sua respiração está ofegante e, seus olhos, esbugalhados. "Não olha pra mim assim!", diz Linguini. "Você não é o único que está numa enrascada. Eles querem que eu cozinhe outra vez!", continua o rapaz, referindo-se à sopa feita por Remy e que acabou se tornando um sucesso. "Essa ambição não era minha, eu só queria ficar longe de confusão", continua, segurando o frasco com as mãos e olhando de forma ameaçadora para o rato preso. "Foi você que usou os temperos cheios de graça".

Ao contrário de Linguini, Remy é ambicioso. Ele admira o ser humano e sua criatividade (ver Capítulo 2). Não contente em ser um rato comum, apenas sobrevivendo e roubando comida, Remy quer mais da vida, como explica mais tarde a Django, o pai cético: "Ratos! A gente só sabe roubar, pai. Eu estou cansado de roubar. Eu quero fazer coisas. Eu quero dar alguma coisa para esse mundo".

É exatamente aí que reside a ambição de Remy: ele quer fazer uma diferença positiva no mundo; não apenas roubar, mas oferecer algo. Nesse sentido, quando une forças com Linguini, Remy é capaz de perseguir sua ambição e, assim, preparar a melhor comida possível.

Mas será que a ambição está relacionada com a virtude? Se sim, de que maneira? Uma coisa é um rato criado por computação gráfica perseguir ambiciosamente seus sonhos, outra, bem diferente, acontece no mundo real. Será que existe lugar para a ambição na vida cristã?

Ambição positiva, ambição negativa

De modo geral, a ambição é simplesmente um forte desejo de fazer algo e, como tal, está relacionada com a realização e com o sucesso. Ambição e trabalho duro estão frequentemente associados, já que ela geralmente significa lutar por algo que não é fácil de alcançar. A aspiração também está ligada à ambição tendo em vista que significa esperar obter alguma distinção ao alcançar um objetivo.

Na *Bíblia*, a ambição é muitas vezes relacionada ao vício. Por exemplo, a ambição resultou no orgulho de Satanás, o que causou sua derrocada, e as ambições de Adão e Eva, contadas no Gênesis, levaram-nos à queda. Além disso, acredita-se que a ambição também leve à vaidade e às disputas. Quando os discípulos perguntaram a Jesus: "Quem é o maior no reino dos céus" (Mateus 18:1), uma passagem cuja resposta poderia ser aplicada também ao orgulho, Jesus respondeu: "Em verdade vos digo que, se não vos converterdes e não vos fizerdes como meninos, de modo algum entrareis no reino dos céus. Portanto, aquele que se tornar humilde como este menino, esse é o maior no reino dos céus." (Mateus 18:3-4). As crianças pequenas não são conhecidas por se preocuparem com suas condições sociais, nem por terem ambições grandes e mundanas, mas sim por exemplificarem a humildade, mesmo que não estejam procurando ativamente ser humildes.

Se a ambição geralmente é vista não como uma virtude, mas sim como um vício, por que, então, um livro sobre a sabedoria e a virtude incluiria um capítulo sobre ambição? Embora ela possa realmente levar ao vício, a ambição, se for devidamente explorada, também pode ser virtuosa. Em Romanos 15:20, por exemplo, Paulo diz: "E desta maneira me esforcei por anunciar o evangelho", proporcionando uma exceção para a ideia de que a ambição é sempre algo ruim. Em outras palavras, temos de nos proteger contra a ambição negativa, como a "ambição egoísta" descrita em Tiago 3:14 e 16. Em vez disso, podemos e devemos cultivar a ambição positiva, que é benéfica.

Olhando para o grego que subjaz às traduções do *Novo Testamento*, descobrimos que, na verdade, existem duas palavras fundamentais traduzidas como "ambição": *eritheia* e *philotimeomai*. A *eritheia* tem uma conotação negativa, como em Tiago 3:14 e 16, onde é traduzida como "amarga inveja", e em Romanos 2:8, onde é traduzida como "contenciosos". Obviamente, este tipo negativo de ambição é autocentrada, e não centrada em Deus.

A outra palavra – *philotimeomai* –, contudo, pode ser traduzida como "ambição piedosa". Seu objetivo é o bem. Em vez de ser egocêntrica, esse tipo de ambição procura agradar a Deus, como em II Coríntios 5:9, onde é frequentemente traduzida como "meta" ou "objetivo" a fim de agradar a Deus. A ênfase desse tipo de ambição é, portanto, nos outros e em Deus, mais do que em si mesmo ou no orgulho próprio.

As diferenças entre essas duas palavras são importantes. Conforme amadurecemos em Cristo e nas virtudes que Ele deseja cultivar em nós, nosso foco se desloca para Deus e para os outros, afastando-se de nós mesmos. Isso não significa que negligenciamos completamente as nossas necessidades espirituais e físicas. Pelo contrário, significa que, conforme a virtude divina amadurece no nosso interior, ficamos mais frequentemente preocupados com os outros por causa de nosso amor por Deus.

Isso não quer dizer que só existem dois tipos de ambição: aquela centrada em Deus e aquela autocentrada. Alguém pode, por exemplo, perseguir ansiosa e ambiciosamente não algo para si mesmo ou para Deus, mas para sua família, por exemplo. Isso também é uma forma positiva e altruísta da ambição que procura ajudar aos outros. Admitido isso, a pessoa pode sequer considerar Deus nessa conjuntura. Ainda assim, uma expressão positiva de quaisquer virtudes é desejável, e talvez até mesmo prepare uma pessoa para as futuras virtudes divinas.

As ambições segundo a Pixar

E quanto à relação entre a Pixar e a ambição? Já mencionamos *Ratatouille* e voltaremos a ele em breve. Outros filmes da Pixar, entretanto, também nos trazem personagens que apresentam ambições de um ou outro tipo. Em *Vida de Inseto*, Flik tem como ambição ser um inventor. Ele quer melhorar a qualidade de vida das formigas em sua colônia, embora não obtenha muito sucesso. "Eu nunca vou fazer a diferença", diz ele, desanimado. Subjacente a sua decepção externa, entretanto, há seu desejo de fazer uma diferença positiva, e esse desejo é uma ambição. Isso também leva Flik a deixar sua colônia em busca de ajuda contra os gafanhotos malvados. Em suma, a ambição faz que Flik se torne o que poderíamos definir como um reformista moral em busca de justiça (ver Capítulo 4).

Por outro lado, *Monstros S.A.* apresenta um personagem com ambições corrompidas. Randall é um lagarto roxo de oito patas que deseja superar Sulley, seu colega de trabalho, tornando-se o mais "assustador" monstro de Monstrópolis. Randall também é ambicioso em seu desejo de usar o "extrator de gritos" para canalizar o poder dos gritos das crianças e, assim, transformar-se no presidente da fábrica Monstros S.A.. Ele é ambicioso no sentido de ser autocentrado e, além disso, quer que os outros sejam servis a ele – chegando ao ponto de manifestar seu desejo de ter "o grande James P. Sullivan" (Sulley) trabalhando para ele depois que a fábrica estiver sob sua direção.

Em *Carros*, Relâmpago McQueen também tem sua parcela de ambição: seu objetivo é vencer corridas. Sua ambição, entretanto, não é tão corrompida quanto a de Randall ou a de seu adversário na Copa Pistão, o piloto Chick Hicks, que chega ao ponto de provocar acidentes para vencer as corridas. No entanto, a ambição de Relâmpago ainda é bastante autocentrada.

Um rato culto

O que diferencia *Ratatouille* é que ele oferece um excelente exemplo de ambição relacionada à cultura. Várias vezes, os cristãos não conseguem fazer contribuições positivas e duradouras para a cultura, em parte porque não compreendem seu papel em relação a ela. Como escreveu Andy Crouch: "*Cultura é o que fazemos do mundo*. A cultura é, em primeiro lugar, o nome de nosso incansável esforço humano para tomar o mundo tal como ele nos é dado e transformá-lo em algo diferente. Esta é a visão fundamental do escritor de Gênesis quando nos diz que os seres humanos foram feitos à imagem de Deus: assim como o criador original, nós também somos criadores".[1]

Obviamente, *Ratatouille* não se limita a oferecer um modelo voltado especificamente para espectadores cristãos prontos a fazer diferença na cultura. Em vez disso, a animação oferece vários *insights* sobre a imaginação criativa em relação ao aprimoramento cultural. Remy tem o desejo de "fazer coisas" e "dar algo para este mundo" e não apenas de se deixar levar pelo fluxo e "roubar". O uso específico do termo "roubar" é interessante na medida em que pode se relacionar com o que a maioria é na cultura: consumidores. Entretanto, também devemos ser produtores – ou seja, criar e contribuir positivamente para nossa cultura.

É importante notar, também, que a ambição de Remy de fazer coisas e acrescentar algo de valor ao mundo é inspirada por sua percepção dos seres humanos. Como abordamos no Capítulo 2, o ratinho admira a criatividade do ser humano, observando: "Eles não apenas sobrevivem, eles descobrem, eles criam!". Tendo sido feitos à imagem de Deus, temos identidades que envolvem a criatividade, que, por sua vez, está vinculada à ambição. O chef Auguste Gusteau, aliás, compara bem a preparação de uma boa comida a um esforço artístico.

Historicamente, os cristãos fizeram contribuições significativas para as artes não por causa da ambição egoísta, mas por causa da ambição que honra a Deus e que leva a sério o mandato de ser o sal e a luz do mundo e de expressar a criatividade dada por Deus em todas as áreas da vida. Infelizmente, os sentimentos criativos várias vezes são reprimidos ou mal compreendidos dentro de expressões ocidentais contemporâneas do Cristianismo.

---

[1] CROUCH, Andy. *Culture Making*: Recovering Our Creative Calling. Downers Grove, Ill.: InterVarsity Press, 2008. p. 23. (itálico no original).

Influenciar positivamente a cultura não deve ser visto em termos negativos, como uma obrigação ou um fardo, mas sim como um prazer. Remy tem prazer na culinária, expressando alegria no processo em vez de simplesmente vê-lo como "apenas um trabalho" ou "afazer" – dois outros conceitos que, em tempos difíceis, infelizmente são deixados de lado dentro do Cristianismo. Se mais cristãos talentosos usassem sua ambição divina e buscassem fazer uma diferença na cultura, em vez de apenas criticarem ou se afastarem dela, então talvez muitos campos que são dominados por visões de mundo não cristãs começassem a mudar em direção a Deus, e não se afastando Dele.

Ambições batizadas

Devemos procurar cultivar a ambição que nos é concedida por Deus por excelência. Diminuir o papel das artes não é a solução, mas parte do problema. Infelizmente, alguns cristãos tendem a ver a arte como supérflua – uma diversão desnecessária que não ajudará ninguém a "fazer" nada (profissionalmente falando) neste mundo. Isso precisa mudar. Deus valoriza a beleza artística e, por consequência, a ambição corretamente direcionada à ela.

O que de excelente e louvável podemos oferecer a este mundo? Precisamos batizar nossas ambições, convertendo-as em desejos geridos por Cristo e que se manifestam de formas bastante criativas. Como tal, a santidade e a virtude também devem desempenhar um papel em nossas ambições.

Considere um mundo sem ambição. O que você vê? Uma vez que a ambição impulsiona o progresso, um mundo sem ambição estagnaria. E quanto a um mundo sem ambição cristã? Tal mundo não apenas estagnaria, mas também literalmente resultaria em uma Idade das Trevas, privada tanto do amor quanto da luz de Deus. Sim, é preciso evitar as expressões negativas de ambições regidas pelo egoísmo, mas também precisamos resgatar a ambição, recuperá-la dentro de uma compreensão cristã. No que diz respeito à cultura, fomos feitos para *fazer*, não apenas para *roubar*.

Cultivar corretamente a ambição exige uma compreensão adequada de nossas motivações fundamentais. Se nos perguntarmos de forma honesta qual é nossa motivação no que diz respeito a nossas ambições, qual seria a resposta? Se nossa resposta imediata aponta apenas para nós, precisamos pensar mais a respeito disso. Além do mais, há o perigo de nos compararmos aos outros. Como afirmou Os Guinness, o importante é que tenhamos em mente uma "plateia de um", isso é, Deus.[2] O que Deus gostaria que fizéssemos para acrescentar algo positivo à cultura?

Mesmo que não tenhamos inclinação artística, nossas ambições na vida cotidiana devem refletir o caráter – as virtudes efetivamente – de Deus. Precisamos ver tudo na vida como um presente de Deus, evitando, com isso, o erro de criarmos uma dicotomia entre o sagrado e o secular. A ambição guiada pelo amor e pela busca da glória de Deus é o ideal. No que diz respeito à virtude, nossa vida moral deve procurar amadurecer nosso caráter e não alcançar quaisquer sucessos materiais particulares.

Pode não ser fácil alcançar nossas ambições. Na verdade, provavelmente não será. Supor que algo merecido deva ser facilmente alcançado é um equívoco. Os reformadores morais – pessoas que fizeram uma diferença real na cultura e na sociedade – não tiveram facilidade. Historicamente, esses indivíduos são, de modo geral, perseguidos muito antes de suas ações fazerem diferença.

Sim, Remy é apenas um rato criado por computação gráfica, mas ele pode, de fato, servir como um exemplo da diferença que podemos fazer se nos dedicamos a direcionar e a perseguir corretamente nossas ambições.

---

[2]Os Guinnes. *The Call*: Finding and Fulfilling the Central Purpose of Your Life. Nashville: Thomas Nelson, 1998. p. 73.

Questões para discussão

1. O que vem à sua mente quando você pensa na palavra *ambição*? O que dá forma à sua percepção de ambição?

2. Cite dois ou três exemplos de expressões negativas de ambição. Por que estes exemplos são negativos? Faça o mesmo com exemplos de ambição positiva.

3. A *Bíblia* espera que cultivemos a ambição centrada em Deus mais que a ambição egoísta. Elenque alguns dos perigos da ambição egoísta.

4. Pense em um aspecto da cultura que você admira pela excelência e pelas contribuições criativas. Como seria esse campo se ele não fosse guiado pela ambição?

5. Como o ratinho Remy exemplifica a ambição positiva?

6. Como você vê a relação entre o Cristianismo e a cultura?

11

Tecnologia

WALL-E

"Tudo o que você
precisa para ser feliz."

AÇÃO!

WALL-E

Data de lançamento nos Estados Unidos: 27 de junho de 2008.

WALL-E apresenta cenas e músicas do filme *Alô, Dolly!*, de 1969. Quando perguntado por que incluiu esse material, o diretor Andrew Stanton respondeu: "Quando peguei *Alô, Dolly!* e eu ouvi "Put on Your Sunday Clothes" e a primeira frase "Out there' came out, it just fit musically...", finalmente pensei: 'Sabe, essa música é sobre dois caras que são tão ingênuos que nunca saíram de uma cidade pequena, e eles só querem sair por uma noite em uma cidade grande e beijar uma garota. Esse é meu personagem principal'".[1] A outra canção, "It Only Takes a Moment", oferece a ligação romântica necessária entre os personagens principais, WALL-E e o robô EVE. Além disso, *Alô, Dolly!* serve para fundamentar o filme futurista em uma realidade com a qual os espectadores podem se identificar mais facilmente.

WALL-E está em uma missão. Ele se apaixonou por outro robô, EVE, mas há algo de errado com ela. As desventuras do pequeno robô o levam em uma jornada pelas maravilhas do espaço, onde a nave de pesquisa em que ele está finalmente pousa em uma enorme nave de cruzeiro, a *Axiom*. Criada pela Buy'N'Large (BNL), empresa que dominou o mundo, a Axiom é uma nave de luxo projetada para atender a todas as necessidades dos seres humanos a bordo. WALL-E (acrônimo em inglês para *Waste Allocation Load Lifters – Earth-Class*, em português, "Levantadores de Carga para Alocação de Lixo – Classe 'Terra'"), por outro lado, é um simples robô de compactação de lixo. Ele foi deixado para trás centenas de anos antes e fazia parte de uma frota de robôs cujo trabalho era o de limpar o planeta, bastante

[1] Curiosidades de WALL-E , *www.imdb.com/title/tt0910970/trivia*. (em inglês)

poluído. O problema é que WALL-E é o único robô ainda ativo de sua espécie. Após centenas de anos vivendo sozinho na Terra, ele desenvolveu uma espécie de personalidade peculiar, recolhendo vários objetos que encontrava nas pilhas de lixo, fazendo amizade com uma barata indestrutível e assistindo ao musical *Alô, Dolly!*, de 1969, de vez em quando. Quando a elegante robô EVE chega à procura de algo importante, WALL-E imediatamente se apaixona. Depois de pegar uma carona na nave de pesquisa para salvar EVE, WALL-E se torna o peixe fora d'água proverbial e um herói relutante.

A bordo da gigantesca Axiom, WALL-E encontra apenas máquinas automáticas e outros robôs. Nenhum ser humano está à vista, já que quase todas as tarefas a bordo da nave são automatizadas. A Axiom é, aliás, limpíssima, ao passo que WALL-E é velho e sujo. Isso leva um pequeno robô chamado M.O. (acrônimo em inglês para *Microbe Obliterator* – em português, "Eliminador de Micróbios") a uma missão, de iniciativa própria, de limpar a bagunça e a sujeira que WALL-E deixa por onde passa.

WALL-E sai do compartimento de pouso e encontra uma "estrada" cheia de robôs de todos os tipos movimentando-se rapidamente, todos cuidando de suas tarefas. Ainda não há seres humanos à vista. Nessa "estrada", WALL-E causa uma confusão, provocando uma espécie de engavetamento de robôs, mas continua seguindo EVE. Finalmente, o robozinho se depara com o primeiro ser humano: trata-se de um homem acima do peso, vestindo uma roupa vermelha, sentado no que parece ser uma cadeira móvel (as poltronas flutuantes de acesso global da BNL). Projetada a uma curta distância do rosto do humano, há uma tela de computador. Logo WALL-E encontra milhares de seres humanos acima do peso, todos vestidos com a mesma roupa vermelha, sentados em idênticas poltronas reclináveis automatizadas e olhando para uma tela de computador.

Cada cadeira está se movendo rapidamente, e cada ser humano está olhando para uma tela. Ninguém interage com o outro cara a cara: pelo contrário, tudo é feito on-line, em um mundo virtual. Se alguém tem sede, tudo o que faz é chamar um robô, que traz obedientemente o que é pedido. WALL-E olha para um grande teto abobadado e vê um "Sol" informatizado. Nele, há estampado um grande logotipo da Buy'N'Large e, logo abaixo, aparecem informações digitais sobre o tempo e o clima. Uma calma voz feminina anuncia: "Buy'N'Large – tudo que você precisa para ser feliz. Seu dia é muito importante para nós". Depois de deixar para trás um mundo desolado e poluído, WALL-E encontra-se agora em uma nave espacial habitada por seres humanos cercados de tecnologia.

Muitas das críticas de *WALL-E* se concentraram na ênfase que o filme dá aos supostos males do consumismo e aos perigos da poluição desenfreada. Alguns sugeriram que se tratava apenas de um "filme-mensagem" a favor do ambientalismo e da responsabilidade humana de cuidar do planeta. No entanto, subjacentes em *WALL-E* estão importantes conceitos relacionados à tecnologia. Assim, o foco deste capítulo é sobre a tecnologia e, em especial, sua relação com a virtude.

Pensando sobre a tecnologia

Vivemos em um mundo de tecnologia, dominado por engenhocas eletrônicas que frequentemente nos inunda com informações, sons e imagens. O que agora é comum, no entanto, ainda é relativamente novo se pensarmos em termos históricos. A rede mundial de computadores, usada diariamente por bilhões de indivíduos, tornou-se uma realidade viável apenas em 1993 e a comercialização de telefones celulares teve início em 1983. Agora, se estamos em um acampamento, em um restaurante, em férias com a família ou sentados em um banco na Igreja – não importa –, é possível que nos conectemos instantaneamente.

Nem a Internet, nem a tecnologia tem fim. A cada segundo, um mundo de tecnologia se abre para nós. Mas será que já paramos para pensar seriamente sobre esse mundo? O desenvolvimento de teologias vigorosas e de filosofias da tecnologia é uma busca importante, embora frequentemente negligenciada. Muitos simplesmente seguem o fluxo da tecnologia sem parar para pensar sobre sua relação com a *Bíblia* e com a virtude.

Tecnologia, entretanto, não é o mesmo que conhecimento científico. Pelo contrário, ela aplica esse conhecimento, usando-o para desenvolver o que são, felizmente, ferramentas úteis e práticas. O relógio, por exemplo, é a tecnologia, mas o conhecimento necessário para fazê-lo não o é. A aplicação da tecnologia também é algo a se considerar. Tomando o relógio como exemplo, podemos notar que ele não foi inventado por corporações ansiosas para controlar as horas de trabalho e ganhar mais dinheiro, mas sim por monges preocupados em programar melhor seus dias de devoção ao culto de Deus. Portanto, a maneira como usamos a tecnologia é importante. A Internet de fato pode comunicar o evangelho de Cristo, mas pode também, por outro lado, ser um canal de divulgação de pornografia.

Será que isso significa que toda tecnologia é neutra? Não necessariamente. Alguns argumentam que certos tipos de tecnologia são inerentemente adequados para determinados fins. Por exemplo, a televisão serve mais como um dispositivo de entretenimento do que como uma ferramenta útil para a apresentação de discussões e de conversas profundas. Em outras palavras, as diferentes tecnologias trazem consigo uma "bagagem" que é especialmente adaptada para executar determinadas tarefas.

Discernimento tecnológico é necessário, sob a pena de sermos absorvidos pela tecnologia que se desenvolve ao nosso redor, simplesmente por ela existir. Essa é, "grosso modo", a questão central para o desenvolvimento de uma filosofia da tecnologia. Além disso, uma teologia da tecnologia procurará compreender a tecnologia dentro de um contexto bíblico, aplicando o que sabemos sobre Deus e sobre como Ele deseja que vivamos nossas vidas com a tecnologia. Como seres humanos feitos à imagem de Deus, também possuímos sensibilidades que podem ser perturbadas por determinadas formas e usos da tecnologia. A busca por entretenimentos exclusivamente tecnológicos pode, muitas vezes, desviar e distrair em vez de edificar e prover.

Ter discernimento tecnológico não significa que enterraremos nossas cabeças na areia, evitando todas as formas de tecnologia

– afinal, isso seria o mesmo que se entrincheirar em uma subcultura cristã isolada.

Outra opção é *adotar* a tecnologia com entusiasmo, usar tudo o que ela oferece da melhor maneira possível *e* como parte da vida cristã.

Uma terceira opção é "se envolver" inteligentemente com a tecnologia, fazendo nosso melhor para que nos mantenhamos "prudentes como as serpentes e inofensivos como as pombas" (Mateus 10:16).

Entretanto, envolver-se inteligentemente com a tecnologia exige uma compreensão básica das noções de teologia, de quem é Deus, de quem é Cristo, de quem somos nós, de qual é o nosso propósito como cristãos e do significado da expressão "ser o sal e a luz do mundo". Esse alicerce nos munirá de ferramentas que nos envolvem de forma inteligente, em vez de passiva e irrefletidamente, com qualquer forma de tecnologia existente no mundo.

Nessa conjuntura, é importante ter em mente um ponto que exploramos no Capítulo 1, a saber: enquanto a humanidade avançou no que diz respeito à tecnologia e à criatividade em geral, e enquanto continuarmos a progredir neste sentido, quando se trata de progresso moral, estamos em uma situação muito semelhante àquela das gerações que nos precederam. Ou seja, nosso "progresso" com relação à virtude ocorre apenas em nível individual. Herdamos avanços tecnológicos simplesmente por termos nascido em culturas que apresentam essa tecnologia, mas não herdamos um caráter virtuoso refinado. Certamente Deus imprimiu em cada um de nós um núcleo moral, que passagens como Romanos 2:14-15 deixam claro. Esses versículos falam da lei moral escrita em nossos corações. Cabe a nós, porém, contando com a orientação de Deus, buscar amadurecer individualmente em virtude. (Podemos, obviamente, fazer uma diferença no mundo a partir do momento em que passamos a viver virtuosamente ou damos exemplos, como o fazem os reformadores morais.)

Estes são conceitos difíceis de serem absorvidos e ainda mais difíceis de serem executados, sobretudo se não passarmos bastante tempo pensando a respeito da natureza da tecnologia. Vamos fazer uma pequena pausa para considerar alguns exemplos da tecnologia segundo os filmes da Pixar para que, assim, tenhamos uma melhor ideia das questões com as quais lidamos.

A tecnologia segundo a Pixar

WALL-E não é o único filme da Pixar a tocar no tema da tecnologia. Em *Vida de Inseto*, a formiga Flik inventa um dispositivo de colheita de grãos que, espera, irá proporcionar à sua colônia mais tempo de descanso. "Flik, não temos tempo para isso", explica, frustrada, a Princesa Atta. "Exatamente!", responde Flik. "Nós nunca temos tempo para conseguir comida para nós porque passamos todo o verão colhendo [para os gafanhotos]. Mas minha invenção vai acelerar a produção!", conclui.

Em Toy Story 2, a tecnologia aparece em uma cena quando o Porquinho zapeia rapidamente os canais para encontrar um comercial da loja de brinquedos de Al.

Monstros S.A. oferece mais exemplos de tecnologia, bem como de seu impacto sobre a sensibilidade. Durante um comercial da fábrica, é mostrada uma criança humana pegando no sono diante de um aparelho de televisão, enquanto o narrador monstro lamenta: "Conhecemos o desafio. A inocência está chegando ao fim. As crianças humanas estão cada vez mais difíceis de assustar". O efeito é que, cercadas pela tecnologia em um mundo multimidiático, as crianças se tornaram insensíveis. Randall, o vilão do filme *Monstros S.A.*, acredita que a tecnologia vai salvar a fábrica. Isso, entretanto, demonstra um erro comum que é exatamente o de achar que o mundo encontrará sua salvação na ciência e na tecnologia.

O mundo de *WALL-E*

WALL-E, todavia, continua sendo o olhar mais evidente da Pixar sobre a tecnologia e seu potencial impacto sobre a humanidade. Filmes futuristas geralmente representam um mundo utópico ou um mundo distópico. Em um mundo utópico, o futuro é completamente brilhante e positivo, ao passo que, em um mundo distópico, o futuro é obscuro e negativo. Nesse sentido, *WALL-E* apresenta uma visão distópica, em que a Terra é um lugar desolado, sujo e abandonado pelos seres humanos. O filme pode parecer mostrar uma mistura de utópico e distópico, na medida em que a Axiom é apresentada como um lugar onde seres humanos vivem em lazer e têm todas as suas necessidades atendidas por máquinas. Não há guerras ou conflitos com outras nações, e tudo é limpo e vigiado.

Todavia, algo não está certo. Enquanto as coisas parecem positivas na superfície, sob a aparente "utopia" da Axiom se oculta uma distopia que diz respeito ao fracasso dos seres humanos em sua gestão da Terra. Tal fracasso os tornou apáticos e improdutivos em relação à criatividade dada por Deus. Além disso, o valor da família e dos relacionamentos pessoais diminuiu e recuou, caindo em um adormecimento causado pela tecnologia. Nessa distopia, as pessoas vivem de forma mecânica e não prosperam espiritual, intelectual ou criativamente.

No que diz respeito à virtude, o mundo retratado em *WALL-E* é aquele em que há pouco ou nenhum espaço para a virtude. A identidade é confusa, uma vez que os humanos não fazem nada e não têm um propósito real para suas vidas além do lazer hedonista. A justiça real também não tem espaço, pois nunca ocorre nada que as máquinas não possam consertar. As amizades duradouras e significativas sofrem porque todas as interações ocorrem em um mundo virtual em vez de ocorrerem no mundo real; os laços familiares também são cortados e a educação dos filhos é entregue aos computadores da Buy'N'Large em vez de continuar nas mãos de outras pessoas ou dos pais. Além disso, onde estão as oportunidades de aventura, coragem e ambição? Tudo isso é desconhecido a bordo da Axiom, já que tudo corre tão suavemente por meio da tecnologia avançada. A utopia aparente é, na realidade, uma distopia que resulta em seres humanos que se tornaram menos humanos.

Mas será que o mundo de *WALL-E* é realmente tão ruim assim? Alguns não concordam. O que há de errado em depender da tecnologia para que tenhamos mais tempo livre? Os relacionamentos virtuais são menos satisfatórios que aqueles que formamos pessoalmente? Buscar "economizar tempo" por meio do progresso tecnológico não é algo errado por si mesmo. Duas questões relevantes são "Como a tecnologia está nos ajudando a economizar tempo?" e "O que estamos fazendo com esse tempo que ganhamos?".

Em 1960, Marshall McLuhan apontou que toda forma de tecnologia tem o que ele chamou de expansões e amputações. Podemos olhar para esses termos como perdas e ganhos. O telefone, por exemplo, "expande" minha voz para que eu possa falar com alguém que pode estar a milhares de quilômetros de distância. Mas, uma vez que a voz é estendida e ganhamos a capacidade de falar com pessoas que estão distantes, algo também é perdido. No caso do telefone, perdemos a dinâmica única de interação que só ocorre pessoalmente. Em *WALL-E*, a interação humana ocorre quase que exclusivamente por meio de telas de computador e em um mundo virtual, o que diminui, portanto, o tipo de comunhão que só pode acontecer pelas interações cara a cara.

Considere, além disso, o que estamos fazendo com o suposto "tempo livre" que nos é concedido pela tecnologia. No mundo contemporâneo, nosso tempo livre é frequentemente dedicado à perseguição de formas de entretenimento e ao mergulho no esquecimento tecnológico. Quantos de nós usamos nosso tempo livre para refletir sobre as grandes questões filosóficas da história, para expandir nosso conhecimento sobre Deus, para estudar a literatura clássica ou para interagir em níveis significativos com os outros seres humanos a fim de resolver problemas e de fazer uma diferença real no mundo?

Certamente alguns o fazem. Ninguém quer apontar o dedo para si, ainda que muitas vezes sejamos bem rápidos em apontar o dedo para os outros. Minha intenção aqui não é condenar o tempo livre que a tecnologia nos oferece, tampouco condenar alguém por não aproveitar plenamente esses momentos, mas sim considerar o que é que valorizamos e buscamos em nosso tempo livre. Os cristãos, em particular, devem procurar fazer "o melhor uso do tempo" (Efésios 5:16), em vez de o dispersar em diversões inúteis. Descanso e lazer devem ter um lugar na vida cristã, mas que tipo de descanso e lazer estamos buscando? Mais ainda: será que isso vale a pena?

Mais informação, menos sentido

Obviamente, *WALL-E* é apenas um filme, não é mesmo? Aliás, um filme produzido pela tecnologia e distribuído (um tanto ironicamente, dada a inserção da Buy'N'Large na história) por uma megacorporação: a Disney. O futuro distópico de seres humanos apáticos e obesos sem nada melhor para fazer além de se sentar em poltronas reclináveis automatizadas e olhar para telas de computador é absurdo, não é?

Entretanto, esse pode ser o ponto fundamental do filme de animação *WALL-E*. Ao exagerar as possibilidades de uma humanidade dominada pela tecnologia, o filme da Pixar pode, na verdade, servir como um grande argumento *reductio ad absurdum*. Na Lógica, um argumento *reductio ad absurdum* é construído a fim de mostrar como algo é absurdo e, de fato, ridículo. Em latim, *reductio ad absurdum* significa literalmente "reduzir ao absurdo". O que a animação *WALL-E* demonstra a esse respeito é o absurdo de levar uma vida completamente improdutiva e sem sentido, sustentada pela dominação tecnológica e pela saturação. E, no entanto, quão longe o mundo ficcional de *WALL-E* está de nossa própria cultura tecnologicamente saturada?

WALL-E também nos apresenta um mundo em que não há ambição. Ninguém tem pensamentos significativos, ninguém cria obras de arte e ninguém contribui para a beleza ou para o aperfeiçoamento intelectual. Em suma, um mundo dominado pela tecnologia é um mundo de estagnação humana. Não se trata de um mundo como o de George Orwell, em que alguns opressores externos forçam a população a viver uma vida infeliz, como no romance *1984*. Pelo contrário, o mundo de *WALL-E* é parecido com o *Admirável Mundo Novo* de Aldous Huxley, em que os seres humanos não precisam de um opressor de fora porque voluntariamente se afogam nos prazeres induzidos pela tecnologia que sufocam a humanidade.

E quanto aos relacionamentos em um mundo saturado pela tecnologia? Com o advento do mundo on-line, das redes sociais, dos celulares e de outras tecnologias, temos, mais do que nunca, a capacidade de nos mantermos conectados e em contato com os outros. Mas o que estamos dizendo? Nada de muito significativo. Como um pensador disse: "Vivemos em um mundo em que há cada vez mais informação e cada vez menos sentido".[2] Será que estamos perdendo contato com o que significa ser verdadeiramente humano, seres relacionais, como Deus planejou?

Em *WALL-E*, a tecnologia ofereceu à humanidade um meio de fugir da responsabilidade. Os homens destruíram a Terra e, em vez de enfrentar os resultados de suas ações, eles fogem para o espaço a bordo de um navio de cruzeiro. Será que a humanidade fez o mesmo no mundo real? Expulsos do jardim, vagamos pelo planeta em busca de sentido, mas raramente o procuramos nos lugares certos. Felizmente, no mundo distópico de *WALL-E*, a esperança é recuperada e a redenção é possível. Os seres humanos percebem seus erros e retornam para uma terra maltratada, prontos para consertar o que está errado.

Precisamos reservar algum tempo para pensar sobre a tecnologia em nossas vidas, sobre como a usamos, sobre seus benefícios e malefícios e sobre como podemos integrar melhor nossas visões e usos da tecnologia com uma teologia concreta. Pense na inteligência do hiperlink. Ser capaz de ler um documento com links para outras "páginas" certamente tem vantagens, mas também desvantagens. (Lembre-se das "expansões" e "amputações" de McLuhan.) Será que ainda podemos acompanhar um pensamento linear, ler um livro ou

---

[2]Baudrillard, Jean. In: Groothuis, Douglas. *The Soul in Cyberspace*. Eugene, Ore.: Wipf & Stock, 1999. p. 78.

acompanhar uma ideia complexa que depende da compreensão de conceitos importantes construídos ao longo do caminho? Seria nossa atenção apenas pega pela batida do som em vez de pela música das ideias? Não pretendo apresentar respostas completas e definitivas para essas e para outras questões relacionadas a isso. Todavia, trata-se de questões que valem a pena ser consideradas e que podem nos ajudar a crescer em virtude no que diz respeito à forma como usamos a tecnologia em nossas vidas cotidianas.

O filme *Carros* mostra uma divertida cena em que dois turistas perdidos tentam encontrar o caminho pela pacata cidade de Radiator Springs. Mini e Van estão apenas de passagem. Quando lhes é oferecido um mapa, Van responde: "Nós não precisamos de nada, muito obrigado. Não há necessidade de pedir informação... Eu sei exatamente onde estamos indo... Não preciso de um mapa, tenho o GPS. Nunca precisaremos de um mapa novo. Obrigado!". Entretanto, no final do filme, depois dos créditos, Mini e Van continuam perdidos no deserto. "Podemos, por favor, pedir informação pra alguém?", pergunta Mini. O fato é que sua tecnologia falhou. Quanto nós contamos com a tecnologia em detrimento do bom senso? Quantas vezes pensamos que a tecnologia nos "salvaria" e, no final, descobrimos que ela apenas nos levou para locais mais distantes no deserto?

Questões para discussão

1. A Buy'N'Large é descrita negativamente como uma corporação global, obcecada em cultivar o consumismo. Como a tecnologia facilita o consumismo hoje? Cite alguns exemplos de consumismo possibilitado pela tecnologia contemporânea. O que há de positivo no consumismo? E de negativo?

2. *WALL-E* inclui temas relevantes sobre a gestão da Terra. De que maneira as preocupações ecológicas se encaixam em uma visão cristã do mundo?

3. A maioria de nós já interagiu com outras pessoas via e-mail e, provavelmente, por outras formas de comunicações eletrônicas, como mensagens de texto, *chats* e redes sociais como *Twitter*, *Facebook* ou *MySpace*. Essas formas de comunicação são o mesmo que se comunicar pessoalmente? O que as diferencia?

4. Como você poderia desenvolver uma filosofia da tecnologia? Que tipos de perguntas faria a respeito das tecnologias que usa regularmente?

5. Pense em um mundo sem Internet, telefones (fixos e celulares) ou qualquer outro tipo de tecnologia eletrônica. Como você se comunicaria com as outras pessoas? Quais são os benefícios dessas formas alternativas de comunicação que você usaria? E os malefícios?

6. Três abordagens à tecnologia foram brevemente descritas: a de "se entrincheirar", a de "adotar" a tecnologia de forma acrítica e a de "se envolver" com a tecnologia de uma maneira inteligente. Com qual dessas três opções você mais se identifica?

12

Amor

Up – Altas Aventuras

"Acabei de te conhecer,
mas já te adoro!"

AÇÃO!

Up – Altas Aventuras

Data de lançamento nos Estados Unidos: 29 de maio de 2009.

Diagnosticada com câncer vascular, Colby Curtin, uma garota de dez anos, queria desesperadamente ver mais um filme da Pixar antes de falecer. Muito doente para ir ao cinema, um membro da família contatou a Disney e a Pixar para explicar a situação de Colby. No dia seguinte, um funcionário dos estúdios chegou na casa da garota com uma cópia de *Up – Altas Aventuras* em DVD, que ainda estava em cartaz na época. Juntamente com o DVD, o funcionário levou alguns outros produtos da Pixar, como bichos de pelúcia, e um livro de aventura semelhante ao apresentado no filme. Colby assistiu a e se divertiu com o filme, mas faleceu mais tarde, naquela mesma noite. "Vou ter de preencher essas aventuras para ela", disse Lisa, a mãe de Colby.[1] Se o poder da história nos cativa, como fez com Colby, as histórias sobre o amor nos cativam ainda mais.

Carl e Russell formam uma dupla improvável que parte para uma aventura na América do Sul, viajando com destino ao Paraíso das Cachoeiras. Carl, um velho rabugento, tem a missão de realizar o sonho de sua falecida esposa, enquanto Russell é um garoto de origem asiática que anseia ganhar uma medalha de mérito por ajudar os idosos.

Dug, por outro lado, é um cão leal, gentil e disposto a agradar. Durante sua jornada, Carl e Russell enxergam de longe uma

[1]Associated Press, "Dying Girl Gets Final Wish to See 'Up,'" ["Menina obtém o último desejo de assistir '*Up – Altas aventuras*'".] CBS News website, www.cbsnews.com/stories/2009/06/19/national/main5098924.shtml

forma que eles acreditam ser um homem. Entretanto, quando se aproximam, descobrem que o que estavam vendo é, na verdade, uma formação rochosa. Ainda assim, eles continuam intrigados com a voz que ouviram. Um cão alegre entra em cena e, para surpresa do velho e do garoto, ele começa a falar em vez de latir! As primeiras palavras de Dug para os estranhos são "Acabei de te conhecer, mas já te adoro!". O melhor amigo do homem é, portanto, fiel à sua reputação.

O décimo filme da Pixar, *Up – Altas Aventuras*, vem repleto de temas profundos, como, por exemplo, o amor. O personagem principal, Carl Fredricksen, é motivado pelo amor e faz de tudo para honrar a memória de sua esposa, Ellie. Ao folhear o livro de aventuras de sua esposa (um caderno, na verdade), Carl se depara com um desenho infantil feito por Ellie em que há uma casa à beira do Paraíso das Cachoeiras. Então, é isso que Fredricksen decide fazer: levar sua casa para a América do Sul. E que melhor maneira de fazer isso senão por meio de milhares de balões para alçar voo? Para onde é que Carl vai? Para o alto, é claro. É apenas mais tarde que ele folheia o restante do caderno e encontra uma celebração da vida e do amor que dividiu com Ellie por tantos anos. Fredricksen vê fotos de sua alegre festa de casamento e outras cenas felizes de sua vida. "Obrigado pela aventura", Ellie escreveu na última folha. "Agora, vá ter uma nova! Amor, Ellie".

Como a conheceu na infância, Carl amou Ellie pela maior parte de sua vida. Entretanto, agora que ela se foi, ele se tornou infeliz e rabugento. Será que a vida de Carl terá importância novamente? O que ele pode fazer para honrar o amor de sua vida? Como é que alguém fica após a morte do companheiro amado?

Embora seja aparentemente um filme de família voltado para crianças, *Up – Altas Aventuras* lida com vários desses problemas, mas o faz de uma maneira que o público já espera encontrar em produções da Pixar. O filme não é um sermão e nem é maçante. Em vez disso, ele faz o que a Pixar frequentemente faz melhor: mostra as coisas. Como *WALL-E*, filme anterior, *Up – Altas Aventuras* se destaca ao nos mostrar cenas que mexem profundamente conosco. Vemos o Carl jovem e tímido, animado com a aventura quando encontra a efervescente e destemida Ellie em seu clube (uma casa caindo aos pedaços, que posteriormente vem a se tornar o lar do casal após o casamento).

Em uma sequência que dura apenas alguns minutos, vemos Carl e Ellie amando um ao outro, indo para o trabalho, tentando economizar dinheiro para sua viagem de aventura pela América do Sul e lidando com os desafios da vida cotidiana. Carl é gentil e, ao mesmo tempo, calmo e alegre. O amor lhe deu a força que ele precisava para enfrentar cada dia de sua vida, não importa o quão árduo fosse. Todavia, agora Ellie se fora e Carl está sozinho. Felizmente, o amor voltará a motivar a vida do velho homem e, assim, ele irá para o alto, inesperadamente acompanhado pelo jovem Russell e, mais tarde, por Dug, um adorável cão, e Kevin, um pássaro fugaz, colorido e raro.

A virtude do amor

A palavra amor é usada de várias formas diferentes. Podemos amar um determinado sabor de sorvete, mas também amamos nosso cônjuge, nossos filhos e nosso melhor amigo. Podemos colocar o amor na categoria de emoção, separando-o completamente de qualquer coisa que tenha a ver remotamente com o intelecto. Podemos, também, pensar que amamos, mas na realidade estamos apenas encantados – uma espécie de paixão de curta duração. Equívocos sobre o amor compõem o desafio de defini-lo. Se a cultura popular guia o sentido, então o amor está em sérios apuros e, se tal cultura define a realidade, então o problema torna-se uma tragédia. Frequentemente, a opinião popular sobre o amor sofre de uma falta de profundidade e de verdade.

O amor é, na verdade, uma virtude. Na tradição cristã e na exposição bíblica, ele é uma virtude fundamental: "Agora, pois, permanecem a fé, a esperança e o amor, estes três, mas o maior destes é o amor." (I Coríntios 13:13). Assim, o amor é fundamental para a ética cristã. Não é exagero dizer que, sem o amor, o Cristianismo entraria em colapso.

Sem o amor de Deus, o Cristianismo não pode existir tal como é destinado. "Deus é amor", lemos em I João 4:8 e 16, o que significa que Deus não é apenas o ato de amar, mas que o amor é inerente à Sua própria natureza. Se quisermos crescer em caráter e em virtude, o amor é uma parte essencial do processo. Da mesma forma que a ambição piedosa não é autocentrada, mas centrada em Deus e no próximo, também o é o amor de Deus. Uma razão fundamental para a profunda influência do Cristianismo na história é o fato de os cristãos serem movidos a agir em virtude do amor de Deus. Para os cristãos, o amor é muito mais do que simplesmente um objeto abstrato de busca acadêmica: trata-se de viver uma vida virtuosa e de demonstrar isso por meio de nossas ações.

O amor segundo a Pixar

Quando Peter Docter, diretor da Pixar, planejou um jantar aconchegante entre o monstro verde Mike Wazowski e sua namorada Celia, em *Monstros S.A.*, ele provavelmente não contou a ninguém que incluiria uma relação entre monstros como um exemplo de amor romântico. "Pense romanticamente", diz Mike quando deixa em casa sua amada, Celia, que por acaso é um monstro com cobras na cabeça.

Em *Os Incríveis*, os ex-*Supers* Sr. Incrível e Mulher Elástica também manifestam seu amor um pelo outro: das brincadeiras lúdicas sobre os "deveres" do casamento, passando pela vida de casal quinze anos mais tarde, e pelas expressões de amor por seus filhos, fica claro para o espectador que Beto e Helena são verdadeiramente apaixonados um pelo outro.

Neste capítulo sobre o amor, entretanto, três filmes da Pixar em especial servirão como exemplos de amor: *Procurando Nemo*, *WALL-E* e *Up – Altas Aventuras*.

Marlin e Nemo

Procurando Nemo fornece exemplos de amor familiar, especificamente de amor entre pai e filho. Embora o pai de Nemo, Marlin, seja superprotetor, ele não é impulsionado por um desejo de controle, mas sim pelo amor que sente pelo filho Nemo. O peixe-palhaço passou por um evento traumático – a perda de sua esposa e de seus outros filhos – e, como resultado, é particularmente cuidadoso com a vida de Nemo. O que Marlin não sabe é que, no primeiro dia de aula do filho, todavia, está planejada uma viagem de campo para o "desfiladeiro" – exatamente onde o peixe-palhaço perdera a esposa, Coral, e os outros filhos. Compreensivelmente, Marlin fica bastante preocupado quando descobre isso e segue Nemo para se certificar de que o filho estará seguro. Entretanto, quando chega ao local, encontra o filho sendo pressionado a nadar em águas abertas. Em um ato de desespero, Marlin repreende Nemo, que profere palavras que feririam qualquer pai: "Eu odeio você!". Quando Nemo é capturado por um mergulhador, no entanto, Marlin não pensa duas vezes antes de procurar pelo filho. Apesar de seu medo de águas abertas e de qualquer coisa remotamente perigosa, o peixe-palhaço supera suas próprias limitações – não por causa de si, mas pelo amor que sente pelo filho.

Felizmente, o tempo que Marlin e Nemo passam separados – e que constitui a maior parte do filme – não é desperdiçado. Pai e filho amadurecem, cada um à sua maneira, durante a provação da separação. Marlin descobre que não pode controlar todos os aspectos da vida de Nemo, mas que deve aprender a dar espaço para o filho aproveitar a vida. Nemo, por sua vez, descobre que, apesar de ter uma barbatana menor do que a outra, ainda é capaz de realizar muitos feitos. Além disso, o pequeno peixe-palhaço também descobre que o pai realmente o ama e está disposto a enfrentar tudo para salvá-lo.

Embora Andrew Stanton, o diretor de *Procurando Nemo*, tenha dito que a história é sobre a fé que supera o medo, o filme também oferece um interessante paralelo com o amor de Deus por nós. Afinal, a *Bíblia* fala de Deus como nosso Pai, apesar de oferecer outras histórias sobre o amor entre pai e filho, como a parábola do filho pródigo. Como lemos em I João 3:1: "Vede quão grande amor nos tem concedido o Pai, que fôssemos chamados filhos de Deus. Por isso o mundo não nos conhece; porque não o conhece a ele". Há, além disso, a história de Deus Pai enviando Seu Filho, Jesus Cristo, para morrer por nós – não por razões egoístas, mas porque "Deus amou o mundo" (João 3:16).

WALL-E e EVE

WALL-E oferece bastante material para a reflexão sobre o consumismo, a tecnologia e a gestão da Terra, mas o faz contando uma história de amor. O que é particularmente interessante é o filme tratar da história de amor entre dois robôs: WALL-E e EVE. Deixado na Terra há centenas de anos para cumprir a sua "diretriz" de compactação de lixo, WALL-E desenvolveu uma personalidade peculiar. Ele é ingênuo e irradia uma espécie de inocência infantil. O robô aprende sobre o amor assistindo incansavelmente a cena de um casal segurando as mãos, do musical *Alô, Dolly!* Quando conhece EVE, é isso que WALL-E quer fazer.

Duas músicas do filme de 1969 servem de tema de amor de WALL-E. A primeira é *Put on Your Sunday Clothes*, que faz referências ao amor romântico, e a segunda é *It Only Takes a Moment*, que fala do amor como solução para a solidão. A terceira canção que se destaca em *WALL-E*, a versão de Louis Armstrong de *La Vie En Rose*, também é sobre o amor romântico e o encantamento trazido por ele.

Associado ao amor romântico está o desejo de evitar a solidão. Isso é interessante no que diz respeito ao inato desejo humano por um sentido e propósito mais elevados. Pensadores cristãos como Santo Agostinho, Blaise Pascal e C.S. Lewis consideraram que esse desejo de fato aponta para Deus e para a realidade de Sua existência. Se todos os desejos humanos de que temos consciência têm concretizações correspondentes baseadas na realidade, então, por extensão, o desejo humano de sentido e propósito também tem uma fonte de realização: Deus.

Quando WALL-E vê EVE pela primeira vez, ele não está pensando no desejo humano ou na existência de Deus como forma de preencher tal desejo – este, afinal, não é o objetivo do filme. Em vez disso, *WALL-E* é uma história de amor romântico de um garoto que encontra uma garota, que não está interessada nele, mas que finalmente se rende a seus encantos (no caso da animação da Pixar, entretanto, esse garoto e essa garota são dois robôs). Apesar disso, a questão é que *WALL-E* é essencialmente sobre o amor e sobre o desejo de praticá-lo. Desafios e dificuldades são finalmente superados com mérito e o amor é encontrado.

Carl e Ellie

Como já mencionamos, *Up – Altas Aventuras* também apresenta o tema do amor. Entretanto, ao contrário de *Procurando Nemo*, que enfatiza o amor paternal, ou de *WALL-E*, que aborda o nascimento do amor romântico, a animação *Up – Altas Aventuras* lida com o amor conjugal maduro. Carl, o personagem principal, passou a maior parte de sua vida com sua esposa, Ellie, mas a perdeu no final da vida. De fato, há diferenças entre o amor paternal, o amor romântico e o amor maduro entre Carl e Ellie. Muitas vezes nos concentramos muito nos efeitos do amor, que são realmente admiráveis e alegres, mas não conseguimos olhar para o amor em termos mais amplos. Além disso, a compreensão da cultura popular contemporânea do amor é muitas vezes superficial, já que não vai além dos efeitos que o amor desperta em nós. Imitando nossa cultura voltada ao consumismo, começamos a lidar com nossas relações da mesma forma como lidamos com os modismos: elas nos interessam por algum tempo, mas logo passamos para outra coisa e as eliminamos quando não são mais convenientes. Essa abordagem, no entanto, distorce o amor, tornando-o trivial em vez de tentar compreendê-lo em níveis mais profundos.

Compare essa rasa abordagem orientada ao consumidor com o alegre amor maduro que pode crescer ao longo de uma vida, como aquele retratado por Carl e Ellie em *Up – Altas Aventuras*. Carl e Ellie vivem juntos os altos e baixos da vida: desafios financeiros, a impossibilidade de ter filhos, as esperanças e os sonhos não realizados. Apesar de tudo isso, eles têm um ao outro. Entretanto, algo acontece. O tempo alcança a todos e, no caso de Carl e Ellie, ela é pega primeiro. O que Carl fará sem a sua amada? Ele se torna amargurado e solitário e começa a apenas sobreviver, em vez de viver verdadeiramente. Finalmente, depois de uma aventura na selva da América do Sul, o velho homem percebe que Ellie sempre considerou o amor que eles viveram juntos como a mais maravilhosa de todas as aventuras.

Em uma era de relações orientadas para e pelo consumo, da amarga realidade do divórcio e dos constantes equívocos sobre o sentido do amor, *Up – Altas Aventuras* se mostra um filme inspirador. Duas pessoas, Carl e Ellie, unem-se para viver uma vida de amor. Eles são plenamente comprometidos um com o outro e a única coisa que pode separá-los é a morte. Todavia, por mais forte que seja o amor em um relacionamento conjugal, ele é apenas uma sombra do amor de Deus por nós. Como escreveu Paulo: "Quem nos separará do amor de Cristo? A tribulação, ou a angústia, ou a perseguição, ou a fome, ou a nudez, ou o perigo, ou a espada?... Mas em todas estas coisas somos mais do que vencedores, por aquele que nos amou. Porque estou certo de que, nem a morte, nem a vida, nem os anjos, nem os principados, nem as potestades, nem o presente, nem o porvir. Nem a altura, nem a profundidade, nem alguma outra criatura nos poderá separar do amor de Deus, que está em Cristo Jesus nosso Senhor." (Romanos 8:35, 37-39).

O maior mandamento

Quando é perguntado a Jesus "qual é o grande mandamento na lei", Ele responde não citando um dos Dez Mandamentos, mas com duas afirmações centradas no amor: "Amarás o Senhor teu

Deus de todo o teu coração, e de toda a tua alma, e de todo o teu pensamento. Este é o primeiro e grande mandamento. E o segundo, semelhante a este, é: amarás o teu próximo como a ti mesmo. Destes dois mandamentos dependem toda a lei e os profetas." (Mateus 22:36-40). A resposta dupla enfatiza o amor a Deus como supremo, seguido pelo amor ao próximo. Alguns analistas observam que a primeira parte da resposta de Cristo resume a primeira parte dos Dez Mandamentos, com foco em nosso relacionamento com Deus, enquanto a segunda parte da resposta resume a segunda parte dos Mandamentos, concentrando-se em nosso relacionamento com o próximo.

Como podemos amar a Deus? Com todo o nosso ser. O amor de Deus não é puramente emocional, nem tampouco puramente intelectual. Em vez disso, ele abrange todo o nosso ser. Demasiadas vezes nos falta equilíbrio nesta área. Alguns pendem intensamente na direção da emoção, ao passo que outros seguem na direção do intelecto. Porém, todos os aspectos de nossa natureza, feitos à imagem de Deus, são necessários se quisermos amar verdadeiramente a Deus como Jesus Cristo quer que o façamos. Deus nos faz pensar e sentir em profundidade, mas o pensamento e o sentimento devem nos mover à ação. Por vivermos em um mundo de tantas necessidades, temos a tendência de nos concentrarmos apenas em nós e em nossas próprias necessidades. No entanto, viver virtuosamente não é atingir determinado nível de maturidade espiritual e permanecer nele. Pelo contrário, devemos lutar – às vezes diariamente – para fazer as escolhas certas.

Em *Up – Altas Aventuras*, o cachorro Dug ama a todos. Entretanto, ele não tem capacidade para fazer muito a respeito disso, a não ser babar nas pessoas, pular sobre elas e abanar o rabo. Obviamente ele é um cão feito por computação gráfica e, por conta disso, apresenta alguns traços heroicos que acabam ajudando Carl e Russell, mas o alcance da virtude e do amor de Dug é limitado por sua natureza.

Os seres humanos, por outro lado, são feitos à imagem de Deus. Como tal, temos capacidades abrangentes de grandeza, virtude e amor – tudo isso para fazer uma diferença positiva no mundo, para agir não por motivos egoístas, mas pelos os abnegados. O amor de Deus deve orientar cada um de nossos pensamentos e cada uma de nossas ações. Por sermos seres corrompidos, geralmente estamos aquém deste ideal. Todavia, como cristãos, confiamos em Deus para superar os obstáculos. Quando confiamos no amor de Deus, não somos impotentes para influenciar o mundo, mas, pelo contrário, ferramentas poderosas nesse exercício.

Questões para discussão

1. De que maneira a relação entre Carl e Ellie em *Up – Altas Aventuras* representa o amor maduro?

2. Pense na palavra amor e em como ela é usada na cultura popular. Quais aspectos do amor são enfatizados por essa cultura? Esses aspectos são diferentes do amor bíblico? Como?

3. O amor é uma virtude cristã fundamental. Por quê?

4. Você se identifica com o amor de Marlin por Nemo? E com o amor de Nemo por Marlin? O que diferencia o amor familiar do amor romântico?

5. O que você acha do uso dos desejos humanos como uma realização de Deus? Quais são os pontos fortes e fracos dessa abordagem?

6. Jesus disse para amar a Deus "com todo teu pensamento" (Mateus 22:37). Como você interpreta o comprometimento de amar a Deus com seu pensamento? Como seria isso?

Conclusão

A sabedoria segundo a Pixar é fundada nas virtudes e expressada por meio das histórias. Seja mediante brinquedos que ganham vida; insetos que procuram justiça; carros que embarcam em inesperadas aventuras ou robôs futuristas que encontram o amor, as animações da Pixar nos emocionam e nos divertem. Apesar de os filmes terem uma grande dose de imaginação, no fundo, podemos nos identificar com os personagens e suas circunstâncias.

Quando assistimos aos filmes da Pixar, vemos histórias brilhantes ganharem vida. Essas histórias têm suas raízes tanto na experiência humana quanto na virtude e o verdadeiro tecido do universo moral apresenta uma compreensão de justiça, coragem, amor etc. Como resultado, repercutimos essas ideias.

Porém, de onde vem esse tecido moral e quem é o tecelão? Uma resposta cristã é fundada em Deus. Como criador e projetor, Deus é o alicerce da verdade moral, e a virtude do amor é o pilar da ética cristã. Não é surpresa, portanto, que Deus também conte histórias. Nas páginas da *Bíblia*, lemos histórias sobre justiça, amizade, família, coragem, aventura, amor e outras virtudes. No *Novo Testamento*, lemos atentamente quando Jesus compartilha não fórmulas ou cálculos acadêmicos complicados ou exposições sobre a ética, mas histórias que nos cativam.

Nossa cultura também está cheia de histórias. Da mesma forma como "vivemos, e nos movemos, e existimos" em Deus (Atos 17:28), também vivemos e nos movemos e existimos em nossa cultura. A interação com a cultura é inevitável e, ainda que tentemos fugir, a cultura sempre acaba nos encontrando. Todavia, nosso propósito como cristãos não é meramente tomar a cultura e consumi-la. Pelo contrário, devemos procurar compreendê-la e participar positivamente de sua construção.

Nosso chamado não é para nos entrincheirar, evitando assim todos os aspectos da cultura. Tampouco devemos adotar e celebrar todos os seus aspectos sem discernimento. Em vez disso, devemos nos envolver de maneira inteligente com a cultura. Ademais, em II Pedro 1:5, somos aconselhados a inserir [na ciência] "toda a diligência, [acrescentando] à vossa fé a virtude". Devemos buscar a excelência moral e crescimento espiritual – não por nossa ambição egoísta, mas por nosso amor por Deus, que naturalmente se transforma em amor pelos outros.

"Ao infinito e além!" é o chamado alto e claro de Buzz Lightyear à ação. O chamado dos cristãos é amar a Deus e aos outros. Com isso, podemos efetivamente fazer diferença duradoura, ao infinito e além.

A

Anexo

Os Roteiros da Pixar

Este anexo disponibiliza um breve resumo dos dez títulos da Pixar discutidos neste livro. Os resumos não têm, em hipótese alguma, a intenção de substituir a experiência de assistir aos filmes, mas sim de servir como uma recapitulação para aqueles que já os viram. Aconselho os leitores que ainda não lhes assistiram a fazê-lo. Os resumos a seguir contêm *spoiler* sobre o enredo.

Toy Story 1

Primeiro filme de longa-metragem totalmente feito com imagens geradas por computador, *Toy Story 1* rapidamente ganhou o público após sua estreia, em 1995. O roteiro gira em torno de um grupo de brinquedos que pertencem a um menino chamado Andy e à sua irmã, Molly. Quando os humanos não estão por perto, os brinquedos ganham vida. O brinquedo favorito de Andy é Woody, um boneco caubói. Em seu aniversário, Andy ganha um novo brinquedo – Buzz Lightyear. Diferente dos outros, Buzz não sabe que é um brinquedo e acredita realmente ser o Patrulheiro Espacial que representa. Woody é destituído de sua posição de brinquedo favorito de Andy e fica com ciúmes. Uma série de percalços resulta em Woody e Buzz indo parar nas mãos de Sid, um menino que gosta de "torturar" os brinquedos. Os rivais tornam-se amigos, escapam de Sid e de seu malvado cão Scud e retornam para seus legítimos papéis como brinquedos de Andy.

Vida de Inseto

Lançado em 1998, *Vida de Inseto* se concentra na situação da colônia de formigas oprimidas por uma gangue de gafanhotos liderada por Hopper. Uma formiga, todavia, está determinada a fazer a diferença. Flik decide partir da colônia e procurar ajuda. No caminho, ele cruza com um grupo de insetos de circo desempregados, confunde-os com guerreiros e retorna com eles para a colônia. Quando os insetos artistas percebem o engano, eles planejam fugir, mas uma série de eventos os convence a ajudar a colônia. No início, a princesa Atta duvida de Flik, mas acaba mudando de opinião por causa de uma demonstração de heroísmo por parte dos insetos de circo e, mais tarde, por causa da elaboração de um plano que consiste em construir um pássaro de mentira para assustar e espantar os gafanhotos. Quando a identidade verdadeira dos insetos circenses é revelada, as formigas ficam chocadas e aterrorizadas. Os gafanhotos retornam, mas Flik executa o plano original, soltando o pássaro falso. Hopper é atacado por um pássaro de verdade e a gangue de gafanhotos foge.

Toy Story 2

A sequência, de 1999, para *Toy Story 1* conta a história do rapto de Woody pelo colecionador de brinquedos Al, que pretende vender uma coleção estrelada por Woody a um museu no Japão. Nesse ínterim, Woody descobre que foi baseado em um famoso programa de televisão, *O Rodeio de Woody*. Brinquedos novos são apresentados, incluindo Pete Fedido (o Mineiro), a vaqueira cantora Jessie e o cavalo Bala no Alvo. Os brinquedos de Andy, liderados por Buzz Lightyear, saem para resgatar Woody, mas, quando o encontram, ele decide ficar e fazer parte do museu no Japão. Mais tarde, todavia, o boneco caubói muda de ideia e resolve que o melhor lugar para ficar é onde ele pode dar alegria a Andy, independente de saber por quanto tempo a felicidade durará. Presos em uma mala na esteira de bagagem de um aeroporto, os brinquedos de Andy vão mais uma vez resgatar Woody. Pete Fedido é derrotado e Woody, Jessie e Bala no Alvo retornam para a casa de Andy com os outros brinquedos.

Monstros S.A.

Monstros S.A., lançado em 2001, é baseado na premissa da existência de um mundo dos monstros, cujo trabalho é assustar as crianças. Os monstros estão apenas fazendo o seu trabalho, coletando a energia dos gritos das crianças para gerar eletricidade para seu mundo. Sulley é o principal "assustador", auxiliado por seu amigo de um único olho, Mike Wazowski. Em Monstrópolis, todos acreditam que as crianças são tóxicas. Quando uma garotinha, apelidada de Boo, entra no mundo dos monstros, a Agência Detectora de Crianças inicia uma investigação na fábrica Monstros S.A. Descobre-se que um assustador rival, Randall, um monstro parecido com um lagarto, está envolvido em um plano para sequestrar as crianças e extrair seus gritos à força. Henry J. Waternoose, uma criatura semelhante a um caranguejo e presidente da empresa, também está envolvido na trama. Quando descobrem o plano, Sulley e Mike são banidos e mandados para o mundo dos humanos, mas retornam para resgatar Boo e revelar os planos de Waternoose. O riso, como mais tarde se descobre, é muito mais poderoso que os gritos de pavor. Como resultado, o "andar dos sustos" torna-se o "andar do riso" e os monstros fazem as crianças rirem para extrair energia para seu mundo.

Procurando Nemo

A aventura submarina *Procurando Nemo* encantou o público em 2003 com seus fantásticos efeitos visuais e sua história comovente. Um peixe-palhaço chamado Marlin perde sua esposa e todos os seus filhotes, exceto um, em um ataque de um tubarão barracuda gigante. Consequentemente, Marlin acaba se tornando um pai superprotetor, obcecado em manter Nemo, seu filho, a salvo. Em seu primeiro dia de aula, Nemo é capturado por um mergulhador, um dentista que o coloca no aquário de peixes de seu consultório. Desesperado para encontrar Nemo, Marlin embarca numa aventura digna de comparação à de Ulisses. Em sua jornada para encontrar o filho, o peixe-palhaço e sua nova companheira, a desmemoriada Dory, deparam-se com tubarões, águas-vivas, tartarugas-marinhas, uma baleia e muito mais. Enquanto isso, os companheiros de aquário de Nemo, incluindo um peixe experiente chamado Gill, planejam escapar. Marlin e Nemo finalmente se reúnem. Agora, entretanto, o peixe-palhaço aprendeu a apreciar o papel de pai sem precisar ser superprotetor.

Os Incríveis

O ambicioso filme *Os Incríveis*, de 2004, apresenta o primeiro elenco de personagens da Pixar inteiramente baseado em seres humanos. A premissa aceita a realidade dos super-heróis, mas os mostra vivendo anonimamente, depois de serem forçados pelo governo a interromper suas atividades frequentemente devastadoras. A história se concentra na família Pera. Beto é o antigo Sr. Incrível, dotado de força sobre-humana e sua esposa, Helena, era a Mulher Elástica, capaz de esticar seu corpo a longos comprimentos. Seus três filhos são a tímida adolescente Violeta, que tem a habilidade de criar campos de força e de tornar-se invisível; o garoto Flecha, que pode correr em altas velocidades; e o bebê Zezé, que ainda não manifestou nenhum poder. Beto está insatisfeito com seu trabalho entediante em uma seguradora e almeja retornar aos dias de glória, quando era um super-herói. Seu grande inimigo é Síndrome, um antigo fã do Sr. Incrível e que agora está exterminando sistematicamente todos os super-heróis. Quando o Sr. Incrível descobre os planos de Síndrome de atacar uma cidade com um poderoso robô – o Omnidroid –, ele tenta intervir, mas é capturado. A família do Sr. Incrível vai salvá-lo e, juntos, derrotam Omnidroid e Síndrome.

Carros

Apesar de *Carros*, lançado em 2006, ter recebido resenhas mais negativas que os demais filmes produzidos pela Pixar até então, a animação foi um sucesso de bilheteria e o segundo filme mais rentável no ano de sua estreia. A história gira em torno de um carro de corrida novato e arrogante chamado Relâmpago McQueen e de sua fixação em vencer a Copa Pistão. Um desvio inesperado faz com que Relâmpago seja preso em Radiator Springs – uma cidade praticamente esquecida na Rota 66. No início, Relâmpago fica aborrecido e frustrado por ter de deixar para trás seu estilo de vida agitado. Com o tempo, porém, ele aprende a apreciar a cidade e seus peculiares moradores, como o caminhão de reboque Mate, Doc Hudson, Sargento, o jipe, e Filmore, o hippie. Relâmpago se apaixona por Sally, uma Porsche. Finalmente, Relâmpago deixa a cidade para correr na Copa Pistão, mas sente falta de seus amigos. Doc Hudson e alguns outros moradores de Radiator Springs chegam para ajudar McQueen a vencer a corrida. No fim, Relâmpago perde o campeonato porque parou para ajudar outro carro em dificuldades, mas ganha a amizade e uma profunda compreensão do que é importante na vida.

Ratatouille

Alguns críticos e fãs ficaram desconfiados de *Ratatouille*, animação da Pixar de 2007 com ratos como personagens principais. No fim, entretanto, o filme se tornou sucesso tanto de público, quanto de crítica. Remy é um rato que quer se tornar cozinheiro-chefe. Alfredo Linguini é um jovem e desajeitado rapaz que trabalha como faxineiro em um famoso restaurante parisiense, o Gusteau's. Os dois acabam se juntando e logo Linguini descobre que Remy é um excelente cozinheiro. Escondendo-se debaixo do chapéu de Linguini, Remy é capaz de controlar o rapaz e, assim, realizar seu sonho de se tornar chef. O cozinheiro-chefe, Skinner, suspeita de Linguini e também tem inveja de seu sucesso, principalmente após descobrir que ele é, na verdade, filho do falecido chef Gusteau. Alfredo acaba se apaixonando por Colette, outra chef ambiciosa que trabalha no Gusteau's, e começa a deixar Remy de lado. O roedor, por sua vez, ressentido pelos acontecimentos, retorna à sua colônia de ratos e planeja invadir a despensa de alimentos do restaurante.

Quando a equipe de cozinha descobre que Linguini estava contando com a ajuda de um rato para preparar as refeições, todos vão embora (exceto Colette, que retorna). Os ratos, liderados por Remy, preparam um *ratatouille* para o famoso crítico de restaurante, Anton Ego, que fica encantado. Quando o Gusteau's é fechado pelos inspetores sanitários, Linguini, Remy e Colette abrem um novo restaurante, o *Ratatouille*.

WALL-E

Mudando de ratos para robôs, em 2008 a Pixar lançou o filme de animação *WALL-E*. O personagem principal é um robô compactador de lixo cujo nome é um acrônimo em inglês para *Waste Allocation Load Lifter – Earth Class* (em português, Levantador de Carga para Alocação de Lixo – Classe "Terra"). Depois de passar centenas de anos trabalhando na limpeza da Terra, WALL-E desenvolveu uma personalidade peculiar, coletando diversos objetos pelos quais se interessa e assistindo ao filme *Alô, Dolly!*, de 1969. Quando a robô EVE chega à Terra à procura de vida vegetal, encontra WALL-E. Ela a princípio o ignora e, somente mais tarde, aceita sua amizade. Quando EVE encontra a planta, uma espaçonave chega para levá-la de volta para o Axiom, uma grande nave-cruzeiro – uma espécie de navio que serve de lar para todos os descendentes dos humanos que deixaram a Terra centenas de anos antes. A bordo da Axiom, alguém rouba a planta antes que ela possa ser testada, levando EVE e WALL-E a procurarem por ela. Acreditando que a Terra nunca mais pudesse ser habitada novamente, o presidente da Buy'N'Large, uma rede global de lojas de departamento, instruiu os computadores da nave Axiom a não retornarem para a Terra. Todavia, agora que a vida vegetal foi encontrada, o capitão percebe que não somente é seguro retornar como é sua obrigação fazê-lo. WALL-E encontra a planta, mas o robô acaba seriamente danificado. Depois de retornar para a Terra a bordo da Axiom, EVE encontra peças reserva de WALL-E e o remonta. Eles dão as mãos, realizando, portanto, o sonho de WALL-E – ou seja, conquistar o companheirismo e o amor que o robozinho via nas cenas de *Alô, Dolly!*

Up – Altas Aventuras

Up – Altas Aventuras, comovente filme lançado pela Pixar em 2009, conta a aventura de Carl Fredricksen – sua fascinação de infância pelo herói aventureiro Charles Muntz, seu casamento com a carinhosa amiga de infância Ellie, sua vida de casado, a eventual morte de Ellie e sua jornada para a América do Sul para realizar o desejo que sua esposa tinha de visitar o mítico Paraíso das Cachoeiras. O agora idoso e rabugento Carl então conhece Russell, um pequeno escoteiro cujo grande desejo é ganhar uma medalha de honra ao mérito. Carl enche milhares de balões que levantam sua casa ao ar. Sem seu conhecimento, Russell acaba ficando na varanda e, consequentemente, embarca junto na fantástica viagem. Eles aterrissam na América do Sul, mas precisam seguir um pouco mais para chegar ao Paraíso das Cachoeiras. Enquanto isso, o aventureiro Charles Muntz passa anos de sua vida na floresta da América do Sul, supostamente desaparecido. Entretanto, Muntz estava, na verdade, à procura de um pássaro raro. O aventureiro tem cães treinados que o servem e são capazes de falar por meio de coleiras especiais. Auxiliado pelo amigável cão Dug, Carl e Russell viajam pela floresta e encontram diversos obstáculos – incluindo Muntz, que acredita que eles estão realmente interessados em capturar o pássaro fugaz. Carl e Muntz enfrentam-se a bordo do dirigível *Espírito de Aventura*, mas, no final, Muntz acaba caindo. O velho e o menino retornam para casa a salvo. Entretanto, como resultado da aventura, Carl é agora um novo homem.

B

ANEXO

CURTAS-METRAGENS DA PIXAR

Os filmes da Pixar geralmente são precedidos por curtas-metragens. A seguir, você encontra os resumos dos dez curtas que acompanharam o lançamento dos filmes nos cinemas ou que foram incluídos como bônus especiais nas versões comercializadas. Todos os curtas-metragens foram reunidos na edição *Pixar Short Films Collection, Volume 1*, disponível em DVD, Blu-Ray e no iTunes.

Tin Toy

Incluído, em 2000, como um bônus da versão em VHS e em DVD de *Toy Story*, *Tin Toy* é um curta-metragem produzido em 1988 pela Pixar que ganhou o Oscar na categoria de Curta de Animação. O filme conta a história do soldadinho musical Tinny, que está ansioso para brincar com um bebê. Entretanto, quando o brinquedo vê a maneira como a criança babona se comporta (colocando os brinquedos na boca, balançando-os, quebrando-os, derrubando-os etc.), tudo o que Tinny quer é ficar longe do bebê. Todavia, sempre que o brinquedo se movimenta, seus instrumentos musicais fazem barulho. O bebê persegue Tinny, mas o soldadinho se esconde debaixo de um sofá, onde encontra vários outros brinquedos refugiados.

Quando o bebê cai e começa a chorar, Tinny fica triste e resolve aparecer. Isso anima o bebê, que decidi brincar com a caixa de Tinny e um saco de papel. Os papéis são invertidos: agora é Tinny que persegue o bebê e quer brincar, enquanto a criança anda de um lado para o outro com o grande saco de papel na cabeça.

O filme é notável não apenas por utilizar a mais avançada tecnologia da época, mas também por demonstrar, mais uma vez, a capacidade da Pixar de dar vida a objetos inanimados de forma tão convincente. Além disso, embora *Tin Toy* tenha apenas poucos minutos, resume a ideia central de *Toy Story* – brinquedos que têm vida e desejam simplesmente brincar e alegrar os seus donos.

O jogo de Geri

Esse curta, de 1997, acompanhou o lançamento de *Vida de Inseto* nos cinemas. Ele conta a história de um excêntrico idoso chamado Geri, que joga uma partida de xadrez contra si mesmo em um parque. Cada jogador que Geri encarna apresenta características e trejeitos próprios. Um deles é confiante, agressivo, prepotente e seguro de que vai ganhar a partida, ao passo que o outro é reservado, excessivamente cauteloso, tímido e tem medo de perder. Durante o curso do jogo, a "câmera" se move de uma personalidade à outra, criando a aparência de uma competição legítima. No final, quando está prestes a perder, o Geri tímido finge um ataque do coração e desmaia, deixando o Geri confiante confuso. Nesse momento, o Geri tímido surge e gira rapidamente o tabuleiro a seu favor. Como resultado, o Geri tímido ganha o jogo e exige o prêmio da vitória: a dentadura.

O personagem de Geri aparece brevemente em *Toy Story 2* como o restaurador de brinquedos que conserta Woody. Uma história sábia, *O jogo de Geri* (*Geri's Game*, em inglês) é cativante em sua apresentação de um homem idoso que está ciente de que está jogando contra si mesmo, mas que não perdeu seu lado infantil ou a satisfação da vida.

Luxo Jr.

Embora não seja o primeiro curta-metragem da Pixar, *Luxo Jr.* é o mais famoso porque um dos personagens é a luminária que aparece no logo do estúdio (aquela que salta sobre o "i" e substitui a letra). Realizado em 1986, foi somente mais tarde, em 1999, que *Luxo Jr.* apareceu, juntamente com *Toy Story 2*. A história é simples, mas cativante: apresenta duas luminárias iguais a Luxo – uma retratando o pai e, a outra, um filho. O filme não tem diálogos, apenas uma animada trilha sonora de jazz e efeitos sonoros. O que é notável é a animação, que transforma objetos inanimados em personagens credíveis, com personalidades distintas. Luxo Jr. brinca com uma bola, mas o brinquedo logo murcha, deixando a luminária desanimada. Ela volta com uma bola maior, tão ansioso para jogar como antes, enquanto a luminária adulta balança a cabeça.

Coisas de pássaros

O curta-metragem *Coisas de pássaros* (*For the Birds*, em inglês), de 2000, acompanhou o lançamento de *Monstros S.A.* e conta a história de um grupo de pequenos pássaros relaxando em uma fiação da rede elétrica. Uma ave maior, de outra espécie, aparece e é ridicularizada pelo bando. Entretanto, ela ignora o escárnio e voa sobre o grupo, pousando no meio deles. Em virtude do peso da ave maior, o fio se curva. Os pássaros menores empurram o pássaro maior, de modo que ele fica pendurado de cabeça para baixo, seguro apenas pelas patas. Nesse momento, os pássaros menores começam a bicar as patas do pássaro maior para que ele caia. Entretanto, o grandalhão continua sem saber o que as aves menores estão tentando fazer com ele. A câmera abre o ângulo e vemos que a cabeça do maior pássaro está quase tocando o chão. Quando os pássaros menores percebem seu erro já é tarde demais: eles, então, são atirados no ar com tanta força que perdem todas as penas. Na cena seguinte, o pássaro maior está sentado no chão enquanto os pássaros menores, sem penas, pousam ao lado dela. A grande ave ri enquanto os menores se escondem atrás dela. A lição é simples: não faça piada com pessoas diferentes de você.

Knick Knack

Acompanhando o lançamento de *Procurando Nemo*, o curta-metragem de 1989, *Knick Knack* é sobre um boneco de neve preso em um globo de neve que tenta escapar. A estrela do filme tenta várias vezes sair de sua prisão no globo de neve e, para isso, usa vários métodos, como, por exemplo, explosivos e um martelo. A trilha sonora cativante foi criada de graça por Bobby McFerrin. No final, como resultado do fato de o boneco de neve usar explosivos para escapar, o globo de neve cai da prateleira, e o boneco vê uma saída de emergência. Ele, então, sai do globo, mas percebe que caiu em um aquário, onde vê uma sereia. Enquanto se prepara ir até ela, o globo de neve flutua sobre o boneco, prendendo-o novamente.

Pular

Narrado por Bud Luckey, diretor do filme, o curta-metragem de 2003, *Pular* (*Boundin'* em inglês), foi lançado junto com *Os Incríveis*. O filme apresenta um alegre carneiro dançarino que, após ser tosado, fica muito triste e desanimado. Um mítico lebrílope (um coelho com chifres de veado) aparece e anima o carneirinho, que aprende a conviver com sua tosa regular e a manter-se alegre nesse período. Contada como uma espécie de balada, este curta da Pixar, diferentemente dos outros, apresenta vários diálogos. A mensagem subjacente pode ser interpretada como sendo a perseverança sobre os reveses e sobre as dificuldades da vida, bem como uma demonstração do entusiasmo geral pelo viver. O carneiro literal e figurativamente resiste às tempestades da vida. Há também a sugestão de aceitar a identidade de cada um. Uma atmosfera de parque temático permeia o filme, enquanto cães da pradaria, peixes e uma coruja aparecem no cenário.

O homem de uma banda só

O homem de uma banda só (*One Man Band*, em inglês), curta-metragem de 2005 da Pixar, foi apresentado juntamente com *Carros*. A história tem apenas três personagens: uma jovem e corajosa camponesa, uma banda de um homem só (que toca principalmente metais e instrumentos de percussão) e outra banda de um homem só (essa com foco em instrumentos de cordas). A menina se aproxima de uma fonte, planejando lançar uma moeda, mas é persuadida pelo músico com instrumentos de percussão e metal a dar-lhe aquela moeda. Enquanto se prepara para fazê-lo, ela ouve o músico de instrumentos de corda e se dirige a ele. Os dois músicos, em seguida, iniciam uma batalha musical cada vez mais febril para conquistar o coração e a moeda da menina. Uma variedade de estilos musicais é apresentada, incluindo jazz, música clássica e muito mais (a trilha foi composta por Michael Giacchino, que também compôs a trilha para *Os Incríveis*, *Ratatouille* e *Up – Altas Aventuras*). O frenesi musical que se segue faz com que a menina acabe perdendo sua moeda em um bueiro. Com raiva, a camponesa pega um violino de um dos músicos e, depois de tocar virtuosamente por alguns segundos, um transeunte joga um grande saco de moedas à sua frente. Os músicos ficam atordoados. A menina provoca os músicos com duas moedas, mas depois as lança no ar, fazendo-as cair no nível mais alto da fonte. O filme, inteligentemente, termina com os dois músicos trabalhando em conjunto para tentar alcançar as moedas.

Quase abduzido

O filme *Quase abduzido* (*Lifted*, título original), de 2006, foi apresentado junto com a animação *Ratatouille*, e mostra dois extraterrestres em uma nave espacial: Mr. B, habituado a sequestrar seres humanos e um inexperiente estudante chamado Stu. O pequeno e inexperiente alienígena sempre atrapalha o rapto do ser humano, Ernie, pois pressiona os botões errados, controladores do feixe de luz que abduz o garoto que está dormindo. O filme não contém diálogos: toda a história é conduzida por imagens, sons e expressões das personagens. A situação chega a um ponto em que o alienígena experiente precisa assumir o controle para evitar uma catástrofe. O jovem extraterrestre fica deprimido, mas o alienígena mais velho lhe permite controlar a nave. Stu para a nave exatamente sobre a casa do humano. Felizmente, o ser humano sobrevive e a nave vai embora. Se olhar atentamente sob a cama do garoto, o espectador verá que escondido nas sombras está Tinny, o boneco do curta-metragem *Tin Toy*.

Presto

Apresentado juntamente com a animação *WALL-E*, o curta-metragem *Presto*, de 2008, mostra a história do mágico Presto DiGiotagione e de seu coelho faminto, Alec Azam. Presto DiGiotagione é, aparentemente, uma brincadeira com a palavra *prestidigitação*, que significa "ilusionismo" ou "mágica", enquanto o nome do coelho é uma reminiscência da palavra mágica *alakazam* (algo como *abracadabra* em português). Presto se esquece de alimentar Alec com uma cenoura antes de uma apresentação, deixando o coelho sem vontade de cooperar. Dois chapéus mágicos são o centro do ato Presto: um funciona como portal para o outro. Como resultando desse recurso único e mágico, várias façanhas inteligentes são apresentadas. Alec repetidamente se recusa a cooperar com a apresentação de Presto, causando-lhe frustração e muita dor – o mágico acaba sendo ferido por uma ratoeira, por uma escada, leva um choque de uma corrente elétrica e muito mais. Quando Presto está caindo, Alec tem uma mudança de atitude e usa os chapéus mágicos para resgatar o mágico. No processo, Presto realiza uma façanha incrível e é aplaudido. O filme termina com Alec, finalmente, conseguindo sua desejada cenoura.

Partly Cloudy

Apropriadamente apresentado com *Up – Altas Aventuras*, o filme *Partly Cloudy*, de 2009, é mais sobre as nuvens que fazem os bebês do que sobre as cegonhas que os entregam. Nuvens felizes criam bebês fofinhos de todos os tipos, incluindo cachorros e gatinhos.

A nuvem Gus, porém, é "muito nublada" e os bebês que ela faz são todas as criaturas perigosas, como crocodilos e tubarões. A cegonha atribuída a Gus, chamada Peck, é constantemente prejudicada pelos bebês que a nuvem cria. A certa altura, Peck voa para longe de Gus, aparentemente aterrorizada demais para continuar a entregar os bebês tão perigosos. Gus chora e causa uma tempestade. Peck retorna, após pedir a outra nuvem que lhe fizesse um capacete de futebol americano e ombreiras. Gus se alegra e imediatamente fornece a Peck uma enguia elétrica para a cegonha entregar. A história pode não ser tão profunda como alguns outros filmes da Pixar, mas não seria exagerado dizer que a mensagem subjacente é a de que a amizade verdadeira sempre persevera, apesar de todos os desafios.

C

Anexo

Guia para discussão sobre os filmes

Este guia de discussão aborda as dez animações abordadas neste livro e pode ser usado em pequenos grupos, grupos de jovens, reuniões familiares etc. Antes de se aprofundar nas questões para discussão, assista aos filmes ou leia os resumos fornecidos no Anexo A.

Toy Story

1. Buzz parecia bastante feliz pensando ser um verdadeiro patrulheiro espacial. Teria sido melhor se ele não descobrisse a verdade sobre sua identidade de brinquedo? Por quê? Por que não?

2. *Toy Story* apresenta vários brinquedos clássicos como o Sr. Cabeça de Batata, a Batalha Naval, um carro de bombeiros, fazendinha, soldadinhos de chumbo, pula pirata, *Tinkertoys*, uma lousa mágica e muito mais. Você chegou a brincar com algum desses brinquedos em sua infância? Com qual deles brincou mais? Por quê? Comparados aos modernos brinquedos eletrônicos, como esses brinquedos antigos se saem em termos de criatividade e de valor de entretenimento?

3. Woody tem ciúme de Buzz porque Andy está dando mais atenção ao seu novo brinquedo espacial do que a ele. A *Bíblia* se refere a Deus como "Deus zeloso" (ver, por exemplo, Êxodo 20:5, 34:14, Deuteronômio 4:24; 05:09, 06:15, Josué 24:19). O que você acha que isso significa? Se não tiver certeza, em primeiro lugar leia as passagens mencionadas e, em seguida, dê início à discussão.

4. No início, Woody e Buzz são rivais, mas depois acabam se tornando amigos. O que os une? O que os mantêm juntos? Pense em alguns bons amigos que você tem agora. Como vocês se conheceram? Por que continuam amigos?

5. Mudar crenças ou visões de mundo (o modo como as pessoas olham e interpretam o mundo) profundamente arraigadas pode demorar muito tempo. Buzz, inicialmente, pensa que é um Patrulheiro Espacial de verdade, mas, quando confrontado com evidências claras do contrário, mostradas em um comercial de TV, ainda não fica imediatamente convencido. Pense em uma visão de mundo, como o ateísmo, que nega a existência de Deus. Que tipo de provas seriam necessárias para convencer um ateu de que Deus existe? Esse processo de mudança tende a ser rápido ou lento? Por quê?

Vida de Inseto

1. Algumas pessoas não gostam de insetos rastejantes porque os acham assustadores. Como a Pixar transformou insetos em criaturas amigáveis no filme *Vida de Inseto*? O que os criadores fizeram para tornar os gafanhotos menos atraentes? Suas respostas fazem referência à aparência, ao comportamento ou a outras características? Por quê?

2. Princesa Atta está aprendendo a se tornar a nova rainha do formigueiro, ao passo que Flik é uma simples formiga operária tentando se diferenciar. A lagarta Chucrute mal pode esperar para se transformar em uma borboleta, enquanto que Slim se incomoda por sempre ser usado como bastão, espada ou dardo. Os tatuzinhos-de-jardim, Deita e Rola, parecem um pouco alheios ao que está acontecendo ao seu redor, talvez por não falarem inglês, mas também por serem travessos. Com qual dos personagens de *Vida de Inseto* você mais se identifica? E com qual deles você menos se identifica? Por quê?

3. Os insetos são animadores de circo e, como tal, gostam de fazer os outros felizes. Em nosso mundo, o entretenimento é um grande negócio. Da televisão ao cinema, da música ao videogame, o

entretenimento está por todos os lados. Quem são os artistas que você aprecia? Por quê?

4. Os gafanhotos são agressivos e vivem do medo que despertam em outras criaturas. As formigas, inspiradas por Flik, finalmente se rebelam. Até que ponto? Você considera certo se rebelar? Em Atos 5:29, lemos: "Mais importa obedecer a Deus do que aos homens." Leia o contexto da passagem e discuta o que a frase significa. Em que contextos os cristãos devem obedecer a Deus e não às autoridades humanas?

5. Justiça é um tema-chave em *Vida de Inseto*. As formigas são injustamente oprimidas pelos gafanhotos. Indique algumas injustiças das quais você tem conhecimento hoje em dia. Se não conseguir pensar em nenhuma, pense sobre os assuntos mais recentes ou recorrentes dos noticiários. Qual é o padrão para determinar o que é justo e o que é injusto, o que é honesto e o que é desonesto? Como você poderia ativamente fazer diferença em relação a algo que acha injusto?

Toy Story 2

1. Até agora, a Pixar lançou três filmes da franquia *Toy Story*. Qual é o seu favorito? Por que o filme que você gosta é melhor do que os outros? Se a Pixar vier a decidir lançar um quarto *Toy Story*, o que você gostaria de ver nele?

2. O que você achou dos "erros" no final de *Toy Story 2*? Por que ele é divertido?

3. A música *Amigo estou aqui* (*You've Got a Friend in Me*), de Randy Newman, tem uma importância considerável nos dois primeiros filmes *Toy Story*. O que há na amizade que atrai nosso interesse? Pense no seu mais antigo amigo. Como sua amizade tem

sido cultivada ao longo dos anos? Você acha que ainda serão amigos daqui muitos anos?

4. Há pelo menos três vilões principais em *Toy Story 2*: Al, o dono da loja de brinquedos, Pete Fedido e o Imperador Zurg. Quais características tornam um vilão convincente? Tendo em mente que até mesmo bons personagens às vezes fazem coisas que não são tão boas, você diria que considera a natureza humana como sendo, basicamente, boa, má ou uma mistura dos dois? Justifique sua resposta.

5. A animação *Toy Story 2* diz muito sobre a amizade. Os amigos de Woody estão dispostos a se colocar em perigo para ajudá-lo, por exemplo. Quais características você mais valoriza em um amigo? A quais dá menos valor?

Monstros S.A.

1. A animação *Monstros S.A.* discute a vida de dois trabalhadores comuns que, por acaso, também são monstros. Eles vivem na grande cidade de Monstrópolis e usam "fedor" em vez de desodorante. Embora trabalhem assustando crianças, na realidade, são os monstros quem têm medo das crianças. O que nesse cenário contribui para tornar o filme interessante? De que maneira olhar para as coisas ou para as ideias de diferentes perspectivas – ou até mesmo de perspectivas contrárias – pode nos ajudar?

2. Sulley e Mike são dois tipos muito diferentes de monstros, não apenas na aparência, mas também na personalidade. Como você descreveria a personalidade de Mike, o monstro de um olho só? E quanto à personalidade de Sulley? Você se parece mais com Mike ou com Sulley?

3. Inicialmente, Mike e Sulley têm medo de Boo, pois acreditam que ela os contaminará com a sua presença "tóxica" – afinal,

os monstros foram ensinados desde pequenos que o mundo humano é tóxico para o mundo deles. Demora um tempo para que eles percebam que Boo não se parece nada com o que lhes foi ensinado sobre os seres humanos. O que este exemplo diz sobre o preconceito? Como os preconceitos são formados, e o que podemos fazer para superá-los?

4. O Sr. Waternoose, presidente da Monstros S.A., inicialmente surge como um preocupado executivo que quer o melhor para sua fábrica e para a cidade de Monstrópolis. Mais tarde, entretanto, descobrimos que ele está de acordo com Randall no uso do "extrator de gritos" para aumentar a energia extraída dos sustos das crianças. Será que os fins nunca justificam os meios? Em outras palavras, há casos em que fazer o errado pode dar certo?

5. Em certo ponto do filme, Mike, Sulley e Boo precisam viajar por várias portas de armário para escapar de Randall. Eles visitam todos os tipos de lugares, incluindo o Japão, uma ilha paradisíaca e outros. Se você pudesse entrar por uma porta e sair em uma parte diferente do mundo, aonde você gostaria de ir? Por quê?

6. O filme termina com uma nova fábrica Monstros S.A., fundada não sobre o lema "Assustamos porque nos importamos", mas no fato de que o riso é, supostamente, dez vezes mais poderoso que o medo. "Rir é o melhor remédio", diz o ditado popular. O que dizer sobre o humor que o ser humano acha interessante e agradável? Que tipo de coisas lhe fazem sorrir ou rir?

Procurando Nemo

1. Se você é pai ou mãe, seu estilo é mais parecido com o do peixe-palhaço Marlin ou com o da tartaruga-marinha Crush? Marlin tenta superproteger Nemo, ao passo que Crush é bastante

descontraído. Se você não é pai ou mãe, observa seus pais sendo mais parecidos com Marlin ou mais parecidos com Crush? Quando você vier a ser pai ou mãe, gostaria de ser mais como Marlin ou mais como Crush? Como uma mistura desses diferentes estilos de paternidade poderia se tornar algo melhor do que cada estilo separadamente?

2. Os três tubarões – Bruce, Anchor e Chum – estão desesperadamente tentando deixar de consumir carne para se tornarem vegetarianos. Apesar de seus esforços, quando Bruce sente o cheiro de sangue, ele volta a ser um feroz comedor de carne, pelo menos até que se recupere. Por que é difícil mudar hábitos? Em Romanos, o apóstolo Paulo escreve sobre sua luta interior entre o que ele gostaria de fazer e aquilo que, às vezes, faz, mesmo que não queira (ver Romanos 7:7-25). Como os cristãos podem superar tais conflitos internos?

3. Sr. Raia é um professor enérgico, apaixonado pelo conhecimento e pelo ensino e genuinamente interessado em ajudar as crianças a aprenderem sobre o mundo ao seu redor. Considere um professor favorito que você teve. O que fez esse professor especial? Quais traços ele tem que você gostaria de ter também?

4. A família é importante em *Procurando Nemo*. Marlin realmente ama Nemo e quer o melhor para ele – o peixe-palhaço está disposto a arriscar a vida para se reencontrar com o filho. No entanto, isso não significa que Marlin e Nemo sempre se dão bem. Como os desafios da família podem ajudar a nos tornarmos pessoas melhores?

5. Dory é despreocupada e disposta a experimentar coisas novas, enquanto Marlin é exatamente o oposto – muito preocupado em manter o que é seguro e familiar. Você é mais parecido com Dory ou com Marlin? Até que ponto devemos estar dispostos a nos arriscarmos para nos divertir?

Os Incríveis

1. Em *Os Incríveis*, os Supers têm todos os tipos de poderes: superforça (o Sr. Incrível), a capacidade de se esticar a grandes distâncias (Mulher Elástica), a capacidade de correr rápido (Flecha), a capacidade de criar campos de força e tornar-se invisível (Violeta) e, o poder de congelar a umidade do ar (Gelado). Se fosse um super-herói, que tipos de poderes você gostaria de ter? Sinta-se à vontade para pensar em possibilidades além das competências mostradas em *Os Incríveis*. Por que você gostaria de ter esses poderes? O que faria com eles?

2. O Sr. Incrível é culpado por Buddy (também conhecido como Síndrome) por este ter se tornado o que se tornou? Como o Sr. Incrível poderia ter lidado melhor com a admiração que Buddy demonstra ter por ele? As palavras são poderosas. Leia Tiago 3:1-12. Ao que Tiago compara a língua? O que você pode fazer para ser mais cuidadoso com o que diz?

3. Em *Os Incríveis*, os Supers são corajosos. Eles não param para pensar sobre os pequenos detalhes de seu comportamento ético, mas, em vez disso, apenas reagem – como o que ocorre quando Gelado vê o Omnidroid. O que você pode fazer em sua vida para ajudar a construir a virtude da coragem?

4. Embora não existam super-heróis no mundo real, somos fascinados por eles. Do Batman ao Homem-Aranha, os super-heróis fazem parte da cultura popular. Que tipo de empregos você acha que apresentam oportunidades para ser um herói? Quais são algumas boas motivações subjacentes para ser um herói? Pense em alguns exemplos habituais que permitiriam pessoas comuns tomarem uma posição e agirem corajosamente.

5. Às vezes queremos fazer a coisa certa, mas, ao longo do caminho, acabamos fazendo a coisa errada para chegar onde

queremos estar. O Sr. Incrível quer impedir um assalto, mas, quando é incapaz, ele lança seu chefe através de várias paredes, ferindo-o gravemente. Toda ação moral que tomamos tem consequências: algumas boas, outras ruins. O que você pode fazer para garantir que suas escolhas morais sejam o melhor que pode fazer? Como você pode evitar tomar más decisões morais?

6. Miragem trabalha para Síndrome, mas, no decorrer do filme, tem uma mudança de atitude e decide ajudar o Sr. Incrível. O que é responsável por desencadear essa mudança? Você consideraria que essa mudança é uma forma de arrependimento? O que é o arrependimento e o que ele acarreta?

Carros

1. Os carros têm várias formas, tamanhos, cores e velocidades. Se você pudesse ser um veículo, que tipo de veículo você seria? Um Porsche? Um Buick? Um Mazda? Um grande caminhão? Por quê?

2. Nossa cultura coloca muita ênfase em automóveis e em que tipo de carro as pessoas dirigem. Às vezes os vemos como símbolos de status, principalmente se alguém dirige um carro de luxo ou um carro esportivo de luxo. No entanto, os carros são projetados para nos levar de um lugar a outro, e todos eles têm a mesma funcionalidade básica. Porque você acha que algumas pessoas se interessam tanto por carros e pela marca do carro que dirigem?

3. Na animação *Carros*, Relâmpago McQueen se encontra em uma aventura inesperada, diferente daquilo a que está acostumado (vencer corridas). Alguma vez você já se encontrou em uma aventura inesperada? Como foi essa experiência?

Você aprendeu alguma coisa de valor concreto nessa sua aventura?

4. Doc Hudson se refere a seus troféus da Copa Pistão como um monte de copos vazios. O que ele quer dizer com isso? Mais tarde, no final da última corrida, Relâmpago McQueen diz a mesma coisa a Strip, "o Rei". O que você acha que Relâmpago aprendeu com Doc Hudson?

5. Mate é um simples e despreocupado caminhão de reboque que não parece se preocupar com aparências ou status, mas que acaba se tornando o melhor amigo de Relâmpago McQueen. Como se dá o crescimento da amizade entre eles?

6. Quando Relâmpago McQueen tenta reparar a estrada em Radiator Springs pela primeira vez, faz um trabalho terrível porque está com pressa para acabar logo e seguir em seu caminho para a Califórnia. Entretanto, quando Relâmpago faz o trabalho direito e com calma, a estrada fica maravilhosa. Por que é melhor fazer algo com calma em vez de apressar as coisas? Como isso se relaciona com nosso caráter moral?

Ratatouille

1. Quais são seus pratos favoritos? O que você gosta neles? Se você pudesse escolher um lugar para jantar essa noite, qual lugar seria esse? O que lhe chama a atenção nesse restaurante?

2. Colette é uma chef lutando para conquistar o sucesso em um campo dominado por homens – motivo pelo qual ela tem que trabalhar duro para provar seu valor. Você acha isso é justo? Em um mundo ideal, isso aconteceria? O que Colette precisa fazer para demonstrar que tem tudo para realizar o trabalho? Alguma vez você já trabalhou em um cenário em

que pessoas do seu gênero eram minoria? O que aprendeu com essa experiência?

3. De que maneira cozinhar pratos refinados é comparável a compor música ou a pintar uma obra de arte? Por que apreciamos a qualidade nas artes?

4. O que você acha que a *Bíblia* quer dizer quando afirma que os seres humanos são criados à imagem de Deus? Veja Gênesis 1:26-27. O que isso não significa?

5. Pense sobre as formas positivas e negativas de ambição. O que as torna diferentes? Por que é uma preferencial e a outra não? Reveja o Capítulo 10 para recordar algumas ideias que discutimos a respeito da ambição.

6. Skinner, o proprietário do restaurante Gusteau's, é paranoico sobre as atividades de Linguini. Ele o espiona, ameaça, consulta um advogado e começa a ver a todos como inimigos. Que tipo de mudanças no caráter moral de Skinner seriam necessárias para transformá-lo completamente?

WALL-E

1. Cem anos atrás, os humanos não tinham viajado para o espaço, não possuíam computadores, não tinham televisão e não usavam celulares ou *iPods*. Como você acha que o mundo será daqui a cem anos? O que você acredita ser mais provável e menos provável de acontecer no futuro, segundo o que é retratado em *WALL-E* (que se passa em 2805)?

2. WALL-E é um robô, mas tem uma personalidade distinta. Quais traços humanos ele encarna? O que há em WALL-E que o faz parecer com você mesmo ou com seus amigos?

3. O que o filme sugere são os benefícios ou os perigos da tecnologia?

4. O que você aprendeu sobre relacionamentos humanos a partir da relação entre WALL-E e EVE?

5. De que maneira a animação *WALL-E* pode mudar a forma como você interage com tecnologia pessoal e com os eletroeletrônicos?

6. Nossas interações são melhores quando ocorrem por via eletrônica ou pessoalmente? O que ganhamos na interação face a face? O que perdemos quando interagimos por meio de mensagens de texto, *chats* ou e-mails? Você acha que algumas formas de comunicação são melhores para determinados propósitos do que outras?

Up – Altas Aventuras

1. Você já conheceu um cachorro como Dug? Os cães que você conhece ou conheceu obviamente não falam, mas eles se comportam como Dug? Porque você acha que a maioria dos cães fica animada e feliz perto das pessoas? Existe algo que podemos aprender com o comportamento do melhor amigo do homem?

2. De que forma Russell ajuda Carl a crescer como pessoa? E de que forma Carl ajuda Russell?

3. Conhecemos Carl e Ellie quando eles ainda são crianças. Os dois não podiam ser mais diferentes: Ellie é uma garota extrovertida e indisciplinada, ao passo que Carl é tímido e reservado. Quando dois tipos muito diferentes de pessoas como Carl e Ellie se casam, como suas diferenças contribuem positivamente para o relacionamento? Como essas diferenças podem tornar o relacionamento mais desafiador?

4. Os seres humanos parecem ter sido criados para amar e serem amados. Como você explica o amor em um mundo sem Deus? E em um mundo com Deus?

5. O aventureiro Charles Muntz é obcecado por capturar o pássaro fugaz e raro do Paraíso das Cachoeiras, apelidado de "Kevin" por Russell. Por que Muntz deseja tanto capturar Kevin? O que o aventureiro quer provar? A obsessão de Muntz o ajudou a crescer positiva ou negativamente no que diz respeito ao seu caráter moral? De que maneira as escolhas do personagem moldaram sua personalidade?

6. No final do filme, Carl percebe que sua vida com Ellie foi uma aventura e que, mesmo que a amada tenha partido, sua vida ainda é uma aventura. Deus tem em mente uma aventura única para cada um de nós, mas muitas vezes deixamos de ver isso porque não estamos olhando para a vida da forma como Deus quer que a olhemos. O que podemos fazer para estarmos mais atentos à aventura que Deus nos chamou para viver?

Filmografia

Vida de Inseto. Direção de John Lasseter, codireção de Andrew Stanton. Emeryville, Califórnia: Pixar Animation Studios, 1998.

Carros. Direção de John Lasseter, codireção de Joe Ranft. Emeryville, Califórnia: Pixar Animation Studios, 2006.

Procurando Nemo. Direção de Andrew Stanton, codireção de Lee Unkrich. Emeryville, Califórnia: Pixar Animation Studios, 2003.

Os Incríveis. Direção de Brad Bird. Emeryville, Califórnia: Pixar Animation Studios, 2004.

Monstros S.A. Direção de Pete Docter, codireção de David Silverman. Emeryville, Califórnia: Pixar Animation Studios, 2001.

Pixar Short Film Collection, Vol. 1. Emeryville, Califórnia: Pixar Animation Studios, 2004.

The Pixar Story. Direção de Leslie Iwerks. Santa Monica, Califórnia: Leslie Iwerks Productions, 2007.

Ratatouille. Direção de Brad Bird, codireção de Jan Pinkava. Burbank e Emeryville, Califórnia: Walt Disney/ Pixar Animation Studios, 2007.

Toy Story. Direção de John Lasseter. Emeryville, Califórnia: Pixar Animation Studios, 1995.

Toy Story 2. Direção de John Lasseter, codireção de Ash Brannon e Lee Unkrich. Emeryville, Califórnia: Pixar Animation Studios, 1999.

Up – Altas Aventuras. Direção de Pete Docter, codireção de Bob Peterson. Burbank e Emeryville, Califórnia: Walt Disney/ Pixar Animation Studios, 2009.

WALL-E. Direção de Andrew Stanton. Burbank e Emeryville, Califórnia: Walt Disney/ Pixar Animation Studios, 2008.

Sobre o autor

Robert Velarde (Mestre pelo *Southern Evangelical Seminary*) é autor de *Conversations with C. S. Lewis* (InterVarsity Press), *The Heart of Narnia* (NavPress), *Inside The Screwtape Letters* (Baker Books, no prelo) e *What Christianity Has Done for the World* (Rose Publishing). Ele também é coautor de *Examining Alternative Medicine* (InterVarsity Press) e de *10 Questions & Answers on Atheism and Agnosticism* (Rose Publishing). Membro da Sociedade Evangélica Teológica, da Sociedade Filosófica Evangélica, da Sociedade dos Filósofos Cristãos e da Sociedade Internacional de Cristãos Apologéticos, Robert reside com sua esposa, seus quatro filhos e muitos brinquedos da Pixar no Colorado. Visite-o seu site www.thewisdomofpixar.com (em inglês), siga-o no Twitter @wisdomofpixar ou entre em contato pelo e-mail thewisdomofpixar@gmail.com.

HR Gráfica e Editora

Rua Serra de Paracaina, 716 – Moóca - São Paulo – SP – CEP 03107-020
Fone/Fax: (11) 3341-6444 - Email: vendas@hrgrafica.com.br
www.hrgrafica.com.br